세종대왕이 정벌한 조선의 땅, 대마도
북소리

세종대왕이 정벌한 조선의 땅, 대마도
북소리

초판 1쇄 인쇄 2014년 6월 15일 | 초판 2쇄 발행 2015년 5월 6일
지은이 권오단 | 그린이 호와민 | 발행인 권윤삼 | 발행처 도서출판 산수야
등록번호 제1-1515호 | 등록일자 1993년 4월 30일
주소 서울시 마포구 월드컵로 165-4 | 전화 (02)332-9655 | 팩스 (02)335-0674

ISBN 978-89-8097-304-0 73810

이 책은 2014년 아르코창작기금 수상작입니다.

책값은 뒤표지에 있습니다.

이 도서의 국립중앙도서관 출판시도서목록(CIP)은
서지정보유통지원시스템 홈페이지(http://seoji.nl.go.kr)와
국가자료공동목록시스템(http://www.nl.go.kr/kolisnet)에서 이용하실 수 있습니다.
(CIP제어번호: CIP2014016745)

글쓴이의 말

우리나라가 해양으로 뻗어 나가 쾌거를 이룩한 역사적인 사건, 대마도 정벌

어린이 친구들, 대마도가 우리의 땅이었다는 사실을 알고 있나요?

13세기에서 16세기까지 한국과 중국을 침략하던 왜구의 본거지였던 대마도(쓰시마 섬)는 우리가 총 3차에 걸쳐서 정벌했어요. 1차 대마도 정벌은 1389년 고려 창왕 때 박위가 이끌었으며, 2차는 1396년 조선 태조 5년에 있었지요. 또 3차는 1419년 세종 1년에 있었어요. 3차 정벌은 세종 대왕에게 왕위를 물려주고 상왕이 된 태종의 주도 아래 장천군 이종무를 삼군 도체찰사로 삼아 경상도, 전라도, 충청도의 병선 227척과 병사 1만 7천 명을 거느리고 출병하였답니다. 그

결과 대마도는 경상도에 속한 고을로 우리나라의 경계에 포함되었어요. 그리고 대마도주에게는 관직까지 주었지요.

대마도 정벌은 단순히 도적을 토벌하는 것 외에 대마도를 경상도에 속한 고을로 만든 역사적인 사실을 동반하고 있어요. 이후에 세종 대왕은 북쪽으로 6진을 개척하여 조선의 영토를 넓혔답니다.

일본의 식민지 시대에 대마도가 일본으로 넘어가게 되었지만 19세기까지는 분명히 조선의 지배를 받던 우리나라의 땅이었어요. 그래서 1945년 광복 이후, 초대 대통령이었던 이승만 대통령은 1948년에 대마도를 반환하라는 요구를 일본에게 여러 차례 했지요.

대마도가 우리 땅이었던 흔적은 대마도 곳곳에 있는 신라와 가야, 고려의 지명과 유적에서도 발견할 수 있어요. 그리고 19세기까지 발행된 지도를 보면 대마도가 조선의 영토에 포함되어 있다는 것을 알 수 있지요. 대마도 정벌은 우리나라가 해양으로 뻗어 나가 쾌거를 이룩한 우리 역사에서 전무후무한 큰 사건이랍니다. 따라서 우리나라 사람이라면 반드시 알아야 할 이야기라고 생각해요.

『북소리』는 세종 대왕이 즉위한 다음해인 기해년(1419) 5

월 5일부터 12월까지 대마도 정벌을 통해 대마도가 조선의 속도(屬島 : 어떤 나라에 속하는 섬)가 될 때까지 대략 200일 간의 이야기를 비인에서 왜구에게 가족을 잃은 순돌이의 시선을 통해 탄생한 글이에요.

어린이 친구들, 『북소리』를 통해 대마도가 우리 땅이었다는 역사적인 사실을 여러분들 가슴에 되새기는 계기가 되었으면 좋겠어요. 그리고 가족을 잃은 슬픔이 치유되는 순돌이를 통하여 어린이 여러분이 가족의 의미에 대해 한번쯤 생각해 보는 계기가 되었으면 좋겠어요.

권오단

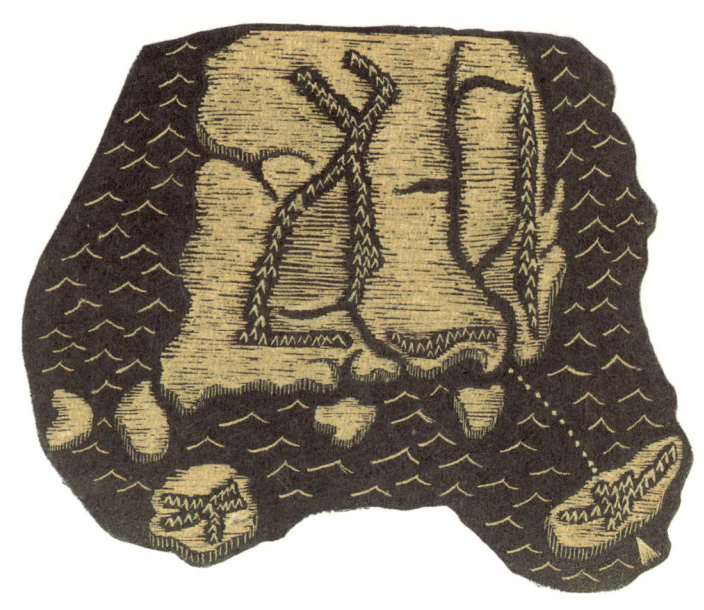

차례

악몽 _ 8

북소리 _ 20

 임금님을 만나다 _ 27

노인의 정체 _ 36

 군기시 _ 43

순덕 어멈 _ 63

 출정 _ 80

대마도 정벌 _ 113

 포로가 되다 _ 140

귀환 _ 167

악몽

시뻘건 불길과 매캐한 연기 사이로 왜구 하나가 사립문을 걷어차고 마당으로 뛰어 들어왔다. 시퍼런 왜도를 든 왜구는 낫 한 자루를 들고 뛰어나오는 아버지의 가슴팍을 걷어찼다. 아버지가 주춤거리며 물러나는 사이에 왜구의 날카로운 칼날이 아버지의 가슴을 스치고 지나갔다.

고통으로 얼굴이 일그러진 아버지가 맥없이 바닥에 쓰러지자 왜구가 아버지의 등을 왜도로 찔렀다. 칼에 찔린 아버지가 두 팔을 버둥거리며 비명을 질렀다. 왜구는 아버지의 등을 밟고 입가에 뱀 꼬리 같은 미소를 흘리며 칼을 비틀었다. 고통에 몸부림치던 아버지가 힘없이 늘어졌다.

방문이 덜컥 열리더니 목침을 든 어머니가 울부짖으며 달려 나왔다. 왜구가 아버지의 등에서 칼을 뽑아 달려오는 어머니의 배를 찔렀다. 붉은 칼날이 어머니의 등으로 튀어나왔다. 칼을 뽑은 왜구가 어머니의 가슴을 비스듬히 내리쳤다. 어머니가 피를 쏟으며 힘없이 땅바닥에 나뒹굴었다.

방 안에서는 동생들의 울음소리가 들렸다. 왜구가 붉은 피로 물든 왜도를 들고 곧장 방 안으로 뛰어 들어갔다. 곧이어 비명 소리가 들리고, 피가 뚝뚝 떨어지는 칼을 든 왜구가 마당으로 뛰어나왔다. 히죽히죽 웃던 왜구가 부엌으로 들어가더니 불붙은 관솔을 들고 나와 지붕 위에 던지고는 사립문 밖으로 뛰어나갔다.

짚으로 만든 지붕이 삽시간에 불길에 휩싸였다. 초가를 뒤덮은 불길은 마귀의 혓바닥처럼 날름거리고 있었다. 기우뚱하던 초가지붕이 무너지며 커다란 불길이 파도처럼 밀려들었다.

"헉!"

몸을 벌떡 일으켰다. 눈앞에 잎사귀가 가득한 푸른 나무가 보였다. 무성한 잎사귀 사이로 눈부신 햇살이 내리쬐고 있었다.

 부모님과 동생을 왜구에게 잃은 후, 눈만 감으면 반복되는 악몽이었다. 어쩌면 돌아가신 부모님과 동생들이 억울한 원한을 풀어 달라고 꿈속에서 나타나는 것인지도 몰랐다. 손등으로 이마에 난 식은땀을 닦았다.
 "얘야, 괜찮으냐?"
 나무 그늘 아래에서 백발이 성성한 노인이 물끄러미 나를

바라보고 있었다. 팔자 눈썹이 길게 뻗어 내렸고, 흰 턱수염이 목까지 내려온 노인이 나에게 물었다.

"골목길에 쓰러져 있기에 데려왔다. 염천에 더위를 먹으면 죽기 십상이다. 행색을 보아 하니 거지 같은 데 뉘한테 맞았느냐?"

"신문고를 두드리려다가 군졸들한테 맞았구먼유."

"신문고를?"

"야. 사람들한테 들으니 저같이 천한 것들도 하소연할 일이 있으면 칠 수 있더구만요. 그런데 사실은 소문과는 다르데유. 북을 치러 갔다가 매만 흠씬 맞고 쫓겨 왔구먼유."

노인이 피식 웃으며 말했다.

"아무나 신문고를 치는 것은 옛날이야기지. 북을 두드리는 사람들이 많아서 요즘엔 관원들이 아예 그 앞을 지키고 있는걸. 말씨를 보아 하니 충청도에서 온 것 같은데 무슨 억울한 사정이 있는 모양이구나."

사연을 말하기도 전에 눈물부터 왈칵 쏟아졌다. 아버지와 어머니, 귀여운 동생들을 다시 볼 수 없다고 생각하니 울컥하는 감정이 솟구쳤다.

"쯧쯧. 사연이 깊은 모양이구나. 밥은 먹었느냐?"

"어제저녁부터 암 것두 못 먹었구먼유."

"저런……. 사연은 나중에 듣기로 하고 밥을 먹여 줄 테니 나를 따라오너라."

나는 자리에서 일어나 노인의 뒤를 절룩거리며 따라갔다.

내 꼴은 거지나 다름이 없었다. 비인에서 한양까지 염천 더위에 나흘간 밤낮을 쉬지 않고 오백육십 리를 걸어왔기 때문에 짚신은 헤어져 맨발이 되었고, 바둑판처럼 천을 덧대어 기운 저고리는 먼지와 때로 먹갈색이 되었다. 밥은 거지처럼 빌어먹었고, 세수도 제때 못 하여 얼굴이 때와 흙으로 시커멓게 변하여 거지나 매한가지였다. 어제저녁에 시장에서 마음씨 좋은 아주머니에게 떡 하나를 얻어먹은 후에 아무것도 먹지 못해서 온몸에는 힘이 없었다.

뒷짐을 지고 천천히 걸어가던 노인은 사거리 골목길 어귀에 있는 사립문 안으로 들어갔다. 싸리나무로 울타리를 한 삼간 초가집의 열린 방문 안에는 노부인이 앉아 있고, 부엌에서 일을 하던 중년의 아주머니가 치마에 손을 닦으면서 마당으로 나오더니 공손히 머리를 숙였다.

"나리, 오세요."

"순덕 어멈, 여기 한상 차려서 내오게."

"예."

순덕 어멈이라는 아주머니가 군말 없이 부엌으로 들어갔다.

노인이 평상에 앉더니 사립문 밖에 우두커니 서 있는 나에게 손짓을 하였다.

"얘야, 이리 오너라."

나는 절룩거리며 마당으로 들어와 평상에 엉거주춤 앉았다.

"편히 앉거라."

노인이 가늘게 눈을 뜨고 내 모습을 바라보았다.

잠시 후, 부엌에서 아주머니가 작은 개다리소반을 들고 나와 평상에 올려놓았다. 싯누런 기장밥이 밥그릇에 가득 담겨 있는데 간장과 된장에 나물을 무친 단출한 밥상이었다.

"찬은 없지만 시장할 텐데 많이 먹어라."

나는 상 위에 놓인 음식을 게 눈 감추듯 허겁지겁 먹었다. 제대로 된 밥상을 나흘 만에 받았으니 당연한 일이었다. 잠시 만에 그릇을 깨끗이 비우고 찬물 한 바가지를 들이키니 비로소 정신이 들었다.

"호호호, 어지간히 굶었던 모양이구나. 그릇이 백옥처럼 깨끗하네."

아주머니가 상을 가져간 후에 노인이 빙그레 웃으며 물었다.

"이제 정신이 드느냐?"

"야. 정신이 드는구먼유."

"네 이름이 무엇이냐?"

"지는 충청도 비인에 사는 순돌이라고 하는구먼유."

"순돌이? 멀리서 왔구나. 무슨 억울한 일이 있기에 여기까지 신문고를 두드리러 왔느냐?"

"그러니까 나흘 전이지유. 단옷날 이른 아침에 저희 마을에 왜구들이 쳐들어왔어유."

"왜구가?"

"야. 이른 아침에 왜구들이 쳐들어와 부모님과 동생들을 무참하게 죽이곤 집을 불태웠구먼유. 제가 사는 마을은 쑥대밭이 되었구먼유. 지옥이 되었어유."

부모님과 동생들을 생각하니 가슴이 울컥하여 또다시 눈물이 나왔다. 손등으로 눈물을 닦은 후 노인에게 말했다.

"동생이 두 명이었는데 가족이 모두 죽고 혼자 살아남았어유. 지는 졸지에 고아가 되어버렸구먼유. 부모님과 동생들을 죽이고 마을 사람들까지 죽인 왜구들은 지의 철천지원수예유. 이 원수를 반드시 갚아야 되겠는디, 관아에서는 어찌할 수 없다는 말만 되풀이하지 뭐에유? 듣자 하니 한양에 소원을 들어주는 북이 있다 하기에 그 길로 나흘 동안 잠도 안 자고 찾아왔는데 신문고를 두드릴 수 없더구먼유."

"저런, 안 됐구나."

혀를 차던 노인이 다시 물었다.

"너는 어떻게 화를 피했느냐?"

"지는 너무 겁이 나서 아무 소리도 못 하고 뒷간에 숨어 있었구먼유. 바보처럼 숨어 있었구먼유. 정신을 차리고 보니 집은 불타고 혼자 살아 있데유. 부모님과 동생들의 시체는 초가와 함께 불에 타 버려서 찾지 못했구먼유. 원수를 갚을 생각에 오백육십 리 길을 정신없이 걸었구먼유. 배고픈지도 피곤한지도 모르고 걸었구먼유. 북을 쳐서 부모님과 동생들의 원한을 풀어준다고 걸었구먼유. 그런데 소용이 없더구먼유."

부모님과 동생들의 얼굴이 눈에 선한데 다시는 볼 수 없다고 생각하니 뜨거운 눈물이 뺨을 타고 턱 아래로 뚝뚝 떨어졌다.

노인의 눈가에도 눈물이 맺히고 노부인과 아주머니도 눈물을 닦았다. 노인이 고개를 끄덕이다가 한숨을 길게 내쉬었다.

"너의 딱한 사정은 안 되었구나."

나는 손등으로 눈물을 닦고는 힘주어 말했다.

"지는 정말 억울해유. 나라가 왜 있는 건감유? 이런 일이 앞으로 일어나지 않도록 해 줘야 하는 것 아닌감유? 백성들이 평안하게 살 수 있도록 해 줘야 하는 거 아닌감유? 지는 반드시 신문고를 두드리고 말거구먼유. 나라님께서 제 억울한 사정을 들으시면 왜구들을 토벌해 주실거구먼유. 듣자하니 대마도가 왜구들의 소굴이라던데 임금님께 부탁하면 왜구의 씨를 말릴 수 있을거구먼유."

"나랏일이 네 생각처럼 그리 단순한 것이 아니란다."

나의 사연을 들은 사람들은 대개 이런 반응이었다. 동정만 있을 뿐 해결책은 없다. 자기 일이 아니어서 소 닭 보듯 닭 소 보듯 하는 것이다. 나는 이럴 때면 정말 화가 났다.

"임금님이 마음만 먹으면 되는 것 아닌감유? 지는 무식해서 잘 모르겠네유."

화가 난 나는 벌떡 일어나서 노인에게 인사를 하였다.

"밥은 잘 먹었어유. 은혜는 잊지 않겠구먼유. 지는 이만 갈게유."

"정말 신문고를 두드릴 생각이냐?"

"야."

"황소고집이로구나. 설령 신문고를 두드린다고 하더라도 네 사정을 나라님께 말하는 것은 쉬운 일이 아니란다."

"뭐가 그리 어려워유? 신문고를 두드리면 나라님을 만나는 거 아닌감유?"

"임금님을 만나는 것이 쉬운 일은 아니지. 하지만 방법이 없는 것도 아니다."

귀가 솔깃하였다.

"방법이 있다구유?"

"암, 방법이 있지."

노인이 빙그레 웃으며 말을 이었다.

"오늘 자정에 신문고를 두드려 보거라. 그럼 임금님을 만날 수 있을 게다."

"자정에 신문고를 두드리란 말인가유? 밤이 되면 임금님도 주무실 거 아녀유."

"우리 임금님의 귀는 밤에도 열려 있단다. 내 말을 명심하거라. 자정 무렵에 신문고를 두드려야 한다. 알겠느냐?"

"명, 명심하겠구먼유."

노인에게 꾸벅 인사를 하고 사립문을 나가던 나는 뭔가를 빠뜨린 것 같아서 몸을 돌렸다.

"물어볼 말이라도 있느냐?"

"어르신의 성함이 어찌 되시는감유? 지가 은혜를 입고도 은인의 성함도 물어보지 못했구먼유."

"내 이름은 유관(柳寬)이라 한다."

나는 어르신의 이름을 잊지 않으려고 마음속으로 몇 번이나 되뇌었다.

"잘 알겠구먼유. 어르신, 복 많이 받으셔유. 죽어서라도 이 은혜는 잊지 않겠구먼유."

북소리

서산으로 긴 여름 해가 기울어 가고 있었다. 어스름 땅거미가 깔리는 이맘때가 되면 비인에서는 사람의 자취를 찾을 수 없지만 한양이라 그런지 오가는 사람들이 낮이나 매한가지였다.
집집마다 불을 밝혀서 별들이 땅 위로 내려앉은 것 같았다.
배 고개를 내려와 종로 큰길로 들어서니 쓰개치마를 눌러쓴 여인들의 모습도 보이고, 말을 탄 양반들과 사인교를 탄 관리들의 모습도 보였다. 비단옷을 입은 양반들은 네 활개를 치며 걸어가고, 그 앞에 등롱을 든 하인들이 앞서 갔다. 화려한 비단옷에 머리를 높이 올리고 나귀를 타고 가는 기녀들의 모습도, 시주를 받으러 다니는 중들의 모습도 간간이 구경할 수 있었다. 짐을 실은 장사꾼이며, 옹기를 진 옹기장이며, 돗자리, 기직(왕골껍질이나 부들 잎으로 짚을 싸서 엮은 돗자리)을 파는 장사치까지 수많은 사람들이 이 거리를 지나쳐 갔다.

처마 밑에서 오가는 사람들을 구경하던 나는 간간이 고개를 돌려서 고각을 바라보았다. 군졸들이 철통같이 고각을 지키고 있었다.

백성들을 위해 임금님께서 만들었다는 신문고는 백성들과는 다른 세상에 존재하는 것만 같았다. 낮에는 아무리 기를 써도 북을 칠 수 없으니, 노인의 말마따나 늦은 밤에나 두드릴 수밖에 없을 것 같았다.

자정 무렵에 북을 두드리면 임금님을 만날 수 있다는 노인의 말은 믿음이 갔다. 얼굴이 청수하고 눈빛이 맑아서 동네에서 흔히 볼 수 있는 노인들과는 다른 느낌이 들었다. 나는 유관이라는 노인의 말을 믿어보기로 하였다.

멀리에서 종소리가 들려오고 있었다. 종소리는 오랫동안 꼬리를 끌듯이 긴 여운을 남겼다. 종루에서 들리는 소리 같았다.

인경 소리가 잦아들면서 거리를 오가는 사람들도 줄어들

었다. 어둠이 깊어 갈수록 인적은 잦아져서 인경이 열두 번을 치자 거리에는 사람이 보이지 않았다.

갑자기 적막한 세상 속에 혼자 내쳐진 것만 같았다. 하긴, 왜구들에게 가족들을 잃었을 때 나는 이미 세상 속에서 혼자가 되었다.

먼 산에서 우는 두견새 소리와 악다구니를 쓰며 울고 있는 매미 소리가 적막한 고요를 깨뜨렸다. 나는 매미가 되어야 한다. 고요한 세상 속에서 악을 쓰며 혼자 부르짖는 매미가 되어야 한다. 그것이 억울하게 죽어간 가족들에게 내가 할 수 있는 마지막 일인지도 몰랐다.

딱-딱--

멀리서 야경꾼들의 목책 소리가 들려왔다.

어둠속에서 횃불을 든 군사들이 대오를 지어 거리를 돌아다니고 있었다.

순라군을 피해 육조의 골목길로 나가 보니 어둠이 내린 넓은 길에는 기와가 즐비하고 멀리 북쪽 산 아래에 높은 성문이 보였다.

광화문이었다. 광화문의 높은 성벽에는 불길이 일렁거리고 있었다.

신문고는 광화문 앞에 있었다. 나는 사람들의 말을 믿고 무작정 신문고를 두드리려 하다가 고각을 지키는 군졸들에게 매를 흠씬 맞고는 종로 사거리까지 쫓겨 내려왔었다.

먹을 것을 찾아 이리저리 헤매던 나는 지쳐 쓰러졌고, 유관이라는 노인의 도움을 받게 된 것이다. 나는 반드시 신문고를 두드릴 것이다. 억울하게 돌아가신 부모님과 동생들의 복수를 위해서 말이다.

딱-딱--

횃불을 든 군사들이 대오를 지어 다가오고 있었다.

나는 좁은 골목을 이리저리 전전하며 순라군들을 피해 다녔다. 작은 골목길과 울타리에 숨어 순라군을 피해 다니던 나는 육조 거리의 담장에 몸을 붙이고 신문고가 있는 고각을 바라보았다.

고각 앞에는 화톳불이 켜져 있었다. 늦은 밤에도 군사들이 고각을 지키고 있다는 표시처럼 보였다. 숨을 깊이 마신 후에 아랫배에 힘을 주니 용기가 불끈불끈 솟아나는 것 같았다. 나는 고각을 향해 다가가기로 마음을 먹었다.

오늘따라 나를 도와주려는지 구름이 달을 가려 사방이 어두웠다. 나는 높은 담장 밑의 그늘에 숨어서 살금살금 걸음을 옮겼다. 고각 근방에서는 몸을 바닥에 찰싹 붙이고는 조심조심 기었다.

거인처럼 우두커니 서 있는 고각 앞에 화톳불 하나가 주위를 비춰 주었다. 네 명이 지키던 낮과는 달리 군사들이 보이지 않았다. 사람이 다니지 않는다고 경계를 푼 모양이었다. 바로 그때였다. 창을 든 포졸 하나가 고각 뒤편에서 화톳불 앞으로 불쑥 튀어나왔다.

나는 깜짝 놀라 바닥에 납죽 엎드렸다. 가슴이 쿵쾅쿵쾅 방아질을 하며 요동쳤다. 숨을 들이키고는 살그머니 고개를 들어 보니 창을 든 군졸은 나를 보지 못한 듯 연신 하품을 하고 있었다. 조심스럽게 돌아가면 군졸에게 들키지 않고 고각 위로 올라갈 수 있을 것 같았다.

고양이 걸음으로 살금살금 고각 뒤편으로 기어갔다. 모기가 웽 소리를 내며 주위를 맴돌았다. 모기가 피를 빠는지 얼굴이 간질간질하였지만 모기를 쫓을 수가 없었다.

찰싹—— 찰싹——

번을 서는 군졸이 모기를 쫓는지 연신 손뼉을 마주치는 소리가 들려왔다. 나는 재빨리 고각의 기둥 뒤로 몸을 숨겼다.

"모기가 왜 이렇게 많아?"

고각 앞에 있는 군졸이 투덜거렸다. 모기를 쫓느라 정신이 없는 모양이었다.

조심조심 계단을 올라가니 커다란 북이 보였고, 난간 옆에 커다란 북채가 놓여 있었다. 고각 안으로 들어가 살그머니 북채를 잡고 신문고 앞에 섰다. 비명에 돌아가신 부모님과 동생들의 얼굴이 하얀 북 위에 아른거렸다. 눈물이 왈칵 솟구쳤다.

'이 소리가 임금님의 귀에까지 들리도록 도와주세요. 억울하게 죽은 사람들의 원한을 풀 수 있도록 도와주세요.'

북채를 굳게 잡은 나는 신문고를 향해 힘껏 내질렀다.

둥―둥―둥―둥―둥――――

고요한 밤의 정적을 깨고 신문고 소리가 크게 울렸다.

"뭐야? 누구냐?"

고각 아래에서 번을 서던 군졸의 목소리가 들려왔다. 계단을 올라오는 발자국 소리가 어지럽게 들렸다. 마음이 급해진 나는 더욱 힘껏 북을 쳤다. 이 소리가 임금님의 귀에 들리기를 간절히 바라면서 나는 온힘을 다해서 신문고를 계속 두드렸다.

둥―둥―둥―둥―둥―――

임금님을 만나다

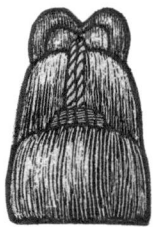

늦은 밤에 신문고를 두드렸다는 이유로 나는 수직하는 군졸들에게 두들겨 맞고 감옥에 갇혔다.

내가 갇힌 감옥은 경수소라고 하는데 통행금지 시간을 어긴 사람들을 가두어 두는 곳이었다. 술에 취해 곤드레만드레가 된 주정뱅이 몇 명이 옆방에서 코를 골면서 자고 있었다.

멍석을 깔아 놓은 어두침침한 감옥 안이 처마 아래서 이슬을 피하며 선잠을 자는 것보다는 차라리 나았다. 영창 밖으로 희고 둥근달이 태평스럽게 머리를 내밀었다.

'유관이라는 노인의 말을 듣고 자정 무렵에 북을 치기는 했는데 정말 임금님을 만날 수 있을까?' 북을 치고 들어온

지 한참이 지났는데 아무런 소식이 없었다.

후회가 되었다. 밤에는 임금님도 주무시고 계실 텐데 쓸데없는 짓을 한 것은 아닌가 싶었다. 순라군을 피해서 고생고생하며 북을 쳤는데 헛수고가 되다니, 분하고 억울한 마음에 눈물이 핑 돌았다. 그때였다.

감옥 안으로 제비꼬리 수염을 한 간수 하나가 뛰어 들어오더니 자물쇠를 허겁지겁 열었다.

"이놈아, 이리 나오거라."

간수가 상기된 얼굴로 손짓을 하였다.

"왜유?"

"잔말 말고 어서 나오지 못해? 경을 칠까 보다."

간수가 버럭 소리를 질렀다. 나는 끌려가듯이 간수를 따랐다. 앞서 나가던 간수가 말했다.

"이놈아, 네놈이 오늘 큰 사고를 쳤다. 나는 너무 놀라 간이 떨어지고 혼이 나가는 줄 알았단 말이다."

"왜유?"

"이놈아, 임금님께서 납시셨단 말이다. 네놈 때문에."

간수가 걸음을 멈추고 나를 쏘아보며 손가락질하였다.

"야? 그게 정말이에유?"

"이놈아, 지금 그게 중요한 게 아니야. 네깐 놈이 하늘같은 임금님을 만나다니 말이 되느냐? 바깥에 나가 임금님을 만나면 네놈은 그저 바닥에 넙죽 엎드려 있거라. 아무 소리도 하지 말고 고개를 들어 용안을 올려다봐서도 안 돼. 알겠냐?"

간수가 몇 번이고 다짐을 주었다. 나는 벌렁벌렁 가슴이 뛰었다.

"감옥 문을 나가면 하늘같은 임금님을 만날 수 있다니 이게 꿈은 아니겠지유?"

"나를 놀리느냐? 나는 꿈이었으면 좋겠다. 이놈아."

간수가 내 볼을 잡고 비틀었다.

"아야야야."

눈물이 핑 돌 정도로 아픈 것을 보니 꿈은 아니었다.

"이제 실감이 나느냐?"

나는 화끈거리는 볼을 어루만지면서 유관 어르신을 떠올렸다. 늦은 밤, 신문고를 치면 임금님을 만날 수 있다더니 참말 유관 어르신은 신통방통한 도사가 분명하였다.

감옥 문을 나가니 너른 경수소의 마당에는 화톳불이 환하게 어둠을 밝히고 있었다.

간수는 곤두박질하듯이 달려가서 머리가 땅에 닿을 듯이 몸을 숙이더니,

"전하, 신문고를 친 아이를 데려왔습니다요."

하고 아뢴 후 고개를 돌려 나에게 말했다.

"이놈아, 어서 꿇어. 상감마마이시다."

나는 얼른 바닥에 엎드렸다. 하늘같은 임금님 앞에 엎드리니, 입이 바짝바짝 마르고 손과 발은 사시나무 떨듯 떨렸다.

"무서워할 것 없다."

부드러운 목소리가 들려왔다.

"전하, 천한 아이입니다. 어찌?"

"아니다. 내가 친히 물어볼 것이다."

누군가가 다가와 내 앞에서 멈추었다. 붉은색 비단옷과 옷자락 밑으로 보이는 검은색 신발이 눈에 들어왔다. 마른침을 꿀꺽 삼켰다.

"고개를 들라."

나는 고개를 들 수 없었다. 나같이 천한 것이 용안을 보다니 그게 말이 될 소리인가? 이때, 누군가가 내 옆으로 다가와 소곤거리듯 말했다.

"어명이다. 어서 고개를 들어라."

어명이라는 말에 용기를 내어 천천히 머리를 들었다. 그러나 시선은 임금님의 허리띠에서 멈추었다.

"네 이름이 무엇이냐?"

내시가 왕의 말을 받았다.

"네 이름이 무엇이냐?"

목구멍으로 말이 나오지 않았다. 아니, 나오던 말이 목구멍에서 멈추었다고 해야 옳았다.

"이놈아, 어서 이름을 말하지 못하겠느냐?"

내시의 질책에 나는 간신히 대답했다.

"수, 순돌이어유."

말을 받은 내시가 큰소리도 대답하였다.

"순돌이라 합니다."

임금님의 음성이 들렸다.

"나이가 몇이냐?"

"오, 올해로 열다섯이구먼유."

"네가 신문고를 두드렸느냐?"

"야."

"네가 그 북이 어떤 북인지 아느냐?"

"이, 임금님께 억울한 사정을 말할 수 있는 북이라고 사람들에게 들었구먼유."

"잘 알고 있구나. 신문고를 두드리는 것은 보통 용기가 아니고서는 어려운 일인데 어지간히 억울한 일이 있는 모양이구나. 억울한 사정이 무엇이냐? 어려워 말고 말해 보거라."

나는 임금님의 신발을 바라보며 말했다.

"임금님, 왜구들이 단옷날 이른 아침에 우리 동네로 쳐들어와 사람들을 죽이고, 부모님과 제 동생들을 무참하게 죽였구먼유. 임금님, 제 소원은 백성들이 억울하고 원통한 죽음을 당하지 않도록 왜구들을 물리쳐 달라는 거예유. 임금님은 할 수 있잖아유. 듣자하니 대마도가 왜구들의 소굴이라 하던데 그곳을 토벌하여 불쌍하게 죽은 사람들의 원수를 갚아 주세유. 다시는 이런 일이 일어나지 않도록 임금님께서 왜적들을 무찔러 주세유."

억울하게 죽은 부모님과 동생들을 생각하니 닭똥 같은 눈물이 뚝뚝 떨어졌다.

임금님의 긴 한숨 소리가 들려왔다.

"알겠다. 내가 조처할 것이니 울지 말거라."

"야? 그게 정말이에유?"

나는 고개를 들었다. 짧은 순간, 나는 화톳불에 비친 임금님의 얼굴을 볼 수 있었다. 온화하게 생긴 젊은 임금님이었다. 임금님이 이렇게 젊으리라고는 꿈에도 생각하지 못했는데 너무 황송해서 얼른 고개를 숙였다.

임금님의 목소리가 들려왔다.

"왕실에 허언은 없으니, 네 소원을 들어주마. 그러니 울지 말라."

"감사하구먼유, 임금님. 감사하구먼유. 이 은혜는 잊지 않겠구먼유."

나는 너무나 고마워서 꾸벅꾸벅 절을 올렸다.

"지낼 곳은 있느냐?"

"……."

"하긴 충청도 비인에서 왔으니 지낼 곳이 없을 테지. 참, 이렇게 야심한 밤에 신문고를 두드리는 것은 흔치 않은 일인데 혹시 너에게 방법을 일러 준 사람이 있지 않았느냐?"

"그걸 어떻게 아셨어유? 오늘 낮에 백발노인을 만났는데 집으로 데려가 밥을 먹여 주었구먼유. 제 사연을 듣더니 늦은 밤에 북을 치라고 하지 뭐예유."

"그 노인의 이름이 무엇이더냐?"

"유, 유관이라고 하던데유."

"……."

잠시 후, 임금님의 부드러운 목소리가 들려왔다.

"내일 저 아이를 데려갈 사람이 나타날 때까지 이곳에서 지내도록 조처하라."

"예, 명을 받겠습니다요."

간수가 이마를 바닥에 닿을 듯이 굽실거렸다. 이내 어지러운 발자국 소리가 서서히 멀어져 갔다.

"히유……."

간수가 안도의 한숨을 내쉬다가 내 어깨를 툭 쳤다.

"이놈아, 가셨다. 고개 들어도 돼."

"야."

고개를 들어 보니 환한 화톳불 주변에는 병졸 몇 명 외에는 아무도 없었다.

"이놈아, 너 때문에 십년감수하는 줄 알았다."

간수가 가슴을 쓸더니 나를 보며 웃었다.

나는 하늘같은 임금님을 만난 것이 꿈만 같아서 어리둥절한 얼굴로 간수를 바라보았다. 아직도 가슴이 콩닥콩닥 요동치고 있었다.

내일 나를 데려갈 사람은 대체 누구일까?

노인의 정체

 영창이 뿌옇게 밝아 왔다. 벙거지를 쓴 포졸들이 감옥 안을 들락거리며 사람들을 데리고 나갔다.
 바깥에서는 곤장 치는 소리와 비명 소리가 연이어 들려왔다. 곤장을 맞으면 엉덩짝에 불이 난다고 들었다. 나는 겁이 덜컥 났다. 임금님을 만나긴 했지만 통금 시간을 어겼으니 나 역시 물볼기를 면치 못할 것이었다. 하지만 그렇게 소원이든 임금님을 만났으니 물볼기를 맞아도 여한은 없을 것 같았다.
 감옥 안에 갇혀 있던 사람들은 끌려 나가서 돌아오지 않았다. 옆방에 남아 있던 마지막 사내가 끌려가자 혼자 남게 되었다. 마지막 사내의 비명 소리를 끝으로 경을 치는 소리도 잠잠해졌다.

마침내 벙거지를 쓴 포졸이 감옥 안으로 들어왔다. 내 차례가 온 것이다. 나는 담담히 받아들이기로 작정했지만 가슴이 두근거리고 겁이 났다. 포졸이 감옥 문을 열더니 손가락을 까닥하며 말했다.

"나와라."

드디어 올 것이 왔다. 나는 도살장에 끌려가는 소처럼 포졸을 따라갔다.

경수소 너른 마당에는 형틀이 놓여 있었다. 어젯밤, 경수소에 갇혀 있던 사람들이 저 형틀 위에서 곤장을 맞았을 것이다. 형틀 위에는 바로 어젯밤에 나를 임금님께 인도해 주었던 제비꼬리 수염이 있는 간수가 앉아 있었다. 간수가 하품을 늘어지게 하다가 나를 발견하더니 손짓을 하였다. 나는 천천히 간수에게 다가가 물었다.

"몇 대나 맞아야 하남유?"

"몇 대?"

간수가 누런 이를 드러내며 웃다가 말했다.

"너는 신문고를 두드렸고, 임금님까지 불러냈으니 장 일백 대는 맞아야 한다."

"일, 일백 대나요?"

나는 너무 놀라서 까무러치는 줄 알았다. 천하장사도 장 일백 대를 견뎌내지 못할 것이다. 나는 이제 죽은 것이나 마찬가지였다.

"아하하하하. 이놈아, 농담이다. 농담."

간수가 배를 잡고 웃다가 말했다.

"한 대도 안 때릴 것이니 걱정 말거라."

"저, 정말이에유?"

"이놈아, 속고만 살았느냐? 안 때릴 테니 걱정 붙들어 놓거라. 넌 특별 면제다."

안도의 한숨이 절로 나왔다.

"잠은 잘 잤느냐?"

"아뇨. 잠이 안 와서 밤을 꼬박 세웠구먼유."

"하긴 너같이 천한 녀석이 임금님과 독대를 했으니 그럴 만도 하지. 배고프지 않느냐? 밥이나 먹으러 가자."

광화문 사거리 옆에는 시전이 길게 늘어서 있었는데 이른 아침부터 사람들과 물건들로 인산인해를 이루고 있었다. 간수는 시장 안 골목에 있는 국밥 집으로 나를 데려가더니 푸

짐한 국밥을 시켜주었다.

"네가 어제 만난 임금님은 올해 즉위하신 임금님이시다. 임금님은 상왕의 셋째 아드님이시지. 첫째 왕자님은 노는 것을 좋아해서 쫓겨나셨고, 둘째 왕자님은 세상일이 덧없다고 승려가 되셨어. 셋째 왕자님은 공부를 좋아하시고 영민

하셔서 상왕께서 왕위를 물려주셨는데 임금님이 된 지 얼마 되지 않아서 힘을 쓰기는 쉽지 않을 거야. 딱한 사정은 잘 알겠지만 너무 기대하지는 말거라. 알겠지?"

"임금님이면 뭐든 할 수 있는 거 아닌감유?"

"이놈아, 전쟁을 하려면 얼마나 많은 돈이 필요한지 아느냐? 또 얼마나 많은 사람이 죽게 될지 알 수 없고. 그런 어마어마한 일을 고작 네놈의 복수를 위해 하란 말이냐?"

아저씨의 말도 맞는 것 같았지만 사람들을 죽이고 재산을 강탈해 가는 왜구를 가만두는 것은 아무리 생각해 봐도 아닌 것 같았다.

"간수 아저씨, 한 가지 물어봐도 돼유?"

"뭔데?"

"아저씨 집에 강도가 들어서 사람을 죽이고 물건을 모조리 훔쳐 갔어유. 그런데 강도를 잡으려면 포졸이 많이 필요할 텐데 잡지 말까유?"

간수 아저씨가 내 얼굴을 멀뚱멀뚱 바라보다가 헛기침을 몇 번 하더니 슬그머니 자리에서 일어났다.

"가자."

밥값을 계산한 간수 아저씨는 뒷짐을 지고 아무런 말도

없이 앞장서 걸었다.

경수소에 들어서니 붉은 단령을 입은 관리가 서 있었다. 사모를 쓰고 관대를 찬 것이 높은 관리 같았다.

간수 아저씨가 다람쥐처럼 잽싸게 달려 들어가더니 사모를 쓴 관리에게 넙죽 인사를 하였다.

"어이쿠, 영감께서 여긴 어쩐 일이십니까?"

"순돌이를 데려가려고 왔네."

"영감께서 순돌이를 데려가신다구요?"

"그렇다네."

"순돌아, 또 보는구나."

얼굴이 눈에 익었다. 까만 사모 아래에 하얀 눈썹과 긴 수염이 두드러졌는데 어제 만났던 유관 어르신이었다.

"어? 어, 어제 만났던?"

간수가 다가와 책망하듯 말했다.

"이놈아, 이분이 뉘신 줄 아느냐? 고개 숙이지 못해?"

"뉘신데유?"

"대제학 영감이시다. 정이품 홍문관 대제학이라면 정승보다 품계는 못 해도 영의정 부럽지 않은 벼슬이지. 이놈아, 어서 영감님께 큰절 올리지 못해?"

간수가 황소처럼 눈을 부라리며 사람을 잡을 듯이 재촉하는 까닭에 나는 넙죽 큰절을 올렸다.
 우연히 만나 도움을 받았던 노인이 큰 벼슬을 하는 양반이었다니 어떻게 이런 일이 있을까? 그러고 보면 임금님을 만나게 된 것도 우연히 일어난 일은 아니었다.

군기시

유관 어르신의 집은 흥인문 밖에 있었다. 어제는 허겁지겁 밥을 먹느라 보지 못했는데 오늘 보니 다 쓰러져 가는 삼 간 초가집이었다.

영의정 부럽지 않은 높은 벼슬을 하면서 초라한 곳에서 살다니 믿지 못할 일이었다. 사립문으로 들어가니 나물을 다듬던 노부인이 나를 보며 말했다.

"영감, 저 아이는 어제 데려오셨던 그 아이가 아닙니까?"

"맞네."

나는 노부인에게 꾸벅 인사를 하였다.

노부인이 빙그레 미소를 지으며 내게 물었다.

"그래, 신문고는 두드렸느냐?"

"야."

"임금님은 만났고?"

"야."

"잘되었구나."

유관 어르신이 노부인에게 말했다.

"순덕 어멈은 어디 갔소?"

"빨래하러 갔어요."

"순덕 어멈 오거든 행랑채 방을 치워 달라고 하게."

"이 아이를 거두시려고요?"

"어명이 내렸으니 도리가 없지."

"어명이요?"

노부인이 유관 어르신과 나를 번갈아 바라보았다.

빨래를 하고 돌아온 순덕 어멈이 부엌으로 들어가더니 점심밥을 차려왔다.

신분이 높은 양반들은 하얀 입쌀밥을 먹고 산다던데 유관 어르신의 밥상은 꽁보리밥에 간장과 된장, 나물 무침이 전부였다. 어르신과 노부인은 방 안에서 드시고, 나와 순덕 어멈은 평상에서 먹었다.

힐끔힐끔 내 밥그릇을 보던 순덕 어멈이 반도 안 남은 밥그릇을 부엌으로 가져가더니 고봉밥을 내왔다.

"많이 먹어라."

"고, 고맙구먼유."

순덕 어멈이 한숨을 길게 내쉬었다.

"무슨 일이 있남유?"

"아, 아니다……."

순덕 어멈이 말끝을 잊지 못하고 치마 섶으로 눈가를 닦으면서 말했다.

"많이 먹어라."

식사가 끝난 후에 설거지를 마친 순덕 어멈은 행랑채를 치우기 시작했다. 나도 가서 거들었다.

"놔둬. 별로 할 것도 없으니까."

"아니에유. 미안해서 그렇구먼유."

순덕 어멈이 걸레로 방바닥을 닦으며 말했다.

"이 방이 안 쓴지 오래 되었지만 참말 좋은 방이지."

"뭐가 좋은 방이에유?"

"대감님은 황해도 문화현에서 나셨는데 관직에 오르신 후에 줄곧 이곳에서 사셨어. 아들이 세 명 있는데 모두 이 방에서 살다가 과거에 급제하셨지 뭐냐? 첫째 도련님은 유맹문으로 예조 정랑이 되어서 도성 안에서 사시고, 둘째 셋째 도련님은 유중문·유계문인데 외직으로 계셔. 그리고 조카인 유사슬은 부모가 일찍 돌아가셔서 대감께서 맡아 기르셨어. 그분도 이 방에서 공부해서 급제하고 지금은 사간원에 계셔. 네 명이나 과거에 합격한 기운 좋은 방이란다."

"아줌마는 어디서 자남유?"

"나는 옆방에서 자. 이제 식구가 되었으니 잘 지내보자. 고의나 빨랫감은 그때그때 내놓고. 참, 변변한 옷도 없으니 몇 개 만들어야겠네."

"아녀유."

"아니긴, 옷에 빈대가 득실거리겠구먼. 내가 옷 한 벌 구해 줄 테니 갈아입어."

얼굴이 둥글둥글하게 생긴 순덕 어멈이 옆방으로 들어가더니 이내 옷 한 벌을 가져왔다.

"맞을지 모르겠네."

순덕 어멈이 가져온 갈색 저고리와 바지로 갈아입으니 팔과 다리가 조금씩 커서 접어야 했다.

"다 입었어?"

"조금 커서 접어 입었구먼유."

"그러네. 조금…… 크네."

"고맙구먼유."

"……."

순덕 어멈의 눈시울이 붉어졌다. 마루에 앉아 있던 노부인이 말했다.

"순덕 어멈, 눈에 익은 옷이네. 순덕이 옷 아닌가?"

"예, 순덕이가 죽고 난 후에 태워 버리려고 하다가 미련이 남아서 농 안에 넣어 두었더니 임자가 나타나네요."

노부인이 말없이 고개를 끄덕끄덕하였다. 물끄러미 방 안에서 이 광경을 바라보던 유관 어르신이 불렀다.

"순돌아, 이리 오너라."

들마루 앞으로 다가가니 유관 어르신이 바둑판처럼 누덕누덕 기운 도포를 입고 갓을 쓰더니 바깥으로 나왔다. 짚신을 신고 들마루에 걸쳐 있던 지팡이를 든 어르신이 말했다.

"순돌아, 나와 함께 갈 곳이 있느니라."

"어딜 간데유?"

"따라와 보면 알게 되겠지."

유관 어르신은 지팡이를 짚고 사립문 밖으로 나갔다. 나는 영문도 모르고 어르신을 따라 나섰다.

"임금께서 네 이야기를 들으시고 나를 부르셨다. 아마도 왜구들의 소굴을 칠 마음이 있으신 모양이더구나."

"야? 그게 정말이여유?"

앞서 가던 어르신이 말없이 고개를 끄덕끄덕하셨다.

흥인문 안으로 들어가 큰길을 따라 올라가니 사람들이 어르신에게 꾸벅꾸벅 인사를 하였다.

"어르신, 지난번에 도와주셔서 정말 고맙습니다요."

"대감님, 오래오래 사십시오."

"내가 뭘 한 게 있나? 사람들도 참."

유관 어르신은 고개를 끄덕이며 인사를 받으셨다. 나같이 천한 사람들이 진심으로 좋아하는 것을 보면 유관 어르신은 백성들에게 존경을 받는 분 같았다.

어르신을 따라 얼마쯤 갔을까? 어르신은 사람들이 들락거리는 사거리의 커다란 기와집 앞에서 걸음을 멈추었다. 기와집 대문 앞에는 벙거지를 쓰고 창을 든 군졸들이 지키고 있었는데 관청 같아 보였다. 어르신이 대문으로 다가가자 군졸들이 앞을 가로막았다.

"여긴 아무나 들어오는 데가 아니오."

어르신이 웃으며 말했다.

"군기소감을 만나러 왔다오. 유관이라고 하면 알 것이오."

군졸 하나가 고개를 갸웃거리더니 대문 안으로 뛰어 들어갔다. 잠시 후, 붉은 벙거지에 붉은 융복을 입은 관원 하나가 헐레벌떡 뛰어나와 머리를 땅에 박을 듯이 조아렸다.

"대감께서 여긴 어쩐 일이십니까?"

"볼일이 있어 왔네."

대문을 지키던 군졸들은 어리둥절한 얼굴로 서로를 바라보았다.

"이놈들아, 너희는 동태눈을 달았느냐? 대제학 대감이시다."

관원이 호통을 치자 군졸들이 놀라면서 인사를 하였다.

"저 사람들이 무슨 죄가 있다고 그러는가? 수상한 사람을 들이지 않는 것이 수문장의 임무이거늘……."

군기소감이 무안했던지 앞장서서 어르신을 안내하였다.

"자, 안으로 드시지요."

삼문을 들어서니 넓은 마당과 길게 늘어선 창고가 눈에 들어왔다. 마당에서는 군졸들이 다발로 묶은 화살과 창, 방패를 쌓아놓고 있었는데 관원이 들고 있는 책에 무언가를 기록하고 있었다.

"어르신, 여긴 어딘가유?"

"여긴 군기시(軍器寺)라는 곳이다. 나라에서 쓰는 군대 물품을 만드는 곳이지."

"와!"

좌우에 길게 늘어서 있는 창고에는 군대에서 사용할 무기들을 쌓아놓는 모양이었다. 마당에는 쇠를 실은 수레가 어지러이 지나다니고 있었다.

중문을 들어서니 넓은 대청이 있는 건물이 나타났다. 동헌처럼 가운데에 대청이 있고 좌우에 방이 있는 6간(간은 길이의 단위. 한 간은 여섯 자로, 1.81818미터에 해당한다.) 대청 건물이었다. 앞서 가던 관원이 대청마루 위에 있는 의자에 어르신을 안내하였다. 유관 어르신은 의자에 앉고 나는 마루 앞에 멈추어 섰다.

"요즘 어떤가?"

"늘 그렇습지요. 그런데 어쩐 일이십니까?"

빙그레 미소를 짓던 유관 어르신이 나를 가리키며 말했다.

"저 아이 때문이네."

관원이 나를 바라보았다.

"저 아이는 비인에서 왜구들에게 부모를 모두 잃고 고아가 되었지. 원수를 갚겠다고 오백육십 리 길을 걸어서 여기까지 왔는데 먹고 자는 것은 우리 집에서 해결하더라도 입에 풀칠은 해야 할 것이 아닌가?"

"그거라면 편지 한 통이면 될 것을 일부러 먼 걸음을 하셨습니까?"

"이것저것 물어볼 것도 있고 해서 겸사겸사 들렀지."

관원이 나에게 다가와 말했다.

"네 이름이 뭐냐?"

"순돌이라고 해유."

"여기가 어떤 곳인지 구경이나 하고 오너라."

나는 꾸벅 인사를 하곤 대청을 나왔다. 좌우 담벼락에 중문이 하나씩 나 있는데 어디로 갈까 망설이다가 시끄러운 소리가 들리는 오른쪽 중문으로 걸음을 옮겼다.

중문으로 들어가니 어지러운 쇳소리가 들려오는 큰 건물이 보였다. 그 건물은 좌우 다섯 간인데 사방이 뚫려 있었고 지붕 위의 굴뚝에서 검은 연기가 솟아났다. 염천 더위에 웃통을 벗은 사내들이 붉게 단 쇠를 두드리고 있었는데 대장간처럼 보였다. 비인에서도 읍성에 가면 대장간이 있지만 이렇게 큰 대장간은 처음 보았다. 가까이 다가가니 고막이 터질 것처럼 시끄러웠다.

땅-땅-땅-땅-

삼면이 뚫려서 안이 훤히 보이는 대장간은 대장장이 일곱 명이 땀으로 범벅이 된 웃통을 드러내 놓고 열심히 망치질을 하고 있었다.

대장간 한편에서는 두 사람이 빨갛게 녹여낸 쇠를 형틀에 붓고 있었다. 한편에서는 빨간 숯불 위에 달구어진 붉은 쇠를 선반 위에 올려놓고 커다란 정을 휘둘러 모양을 만들고 있었다.

정을 두드리는 대장장이 두 사람이 손발이 척척 맞아서 이쪽이 내려치면 저쪽이 내려치고 저쪽이 내려치면 이쪽이 내리쳐서 쇠망치 두드리는 소리가 장단에 맞추어 노래를 부르는 것만 같았다. 두드리는 쇠망치에 풀이 죽은 쇠는 어느새 뭉툭함을 잃고 바늘처럼 날카로운 창의 형태가 되었고, 대장장이가 쇠 집게를 들어 차가운 물에 담구니 푸스스-- 하고 허연 수증기가 일었다. 풀무질을 하던 장인은 빨갛게 달아오른 쇠를 대장장이에게 건네주었다.

땅-땅-따땅-땅-땅-따-따땅-땅-

대장장이들의 얼굴에서 굵은 땀방울이 비 오 듯 떨어졌다.

대장간 옆에 있는 그늘막에서는 인부들이 칼과 창을 숫돌에 갈고 있었다. 마당에 창과 칼이 수백 개도 넘게 쌓여 있었고, 그것을 새끼줄로 묶는 사람들도 바쁘게 움직였다.

대장간을 둘러본 후에 중문으로 나가서 왼편으로 가니 다섯 간 와가가 있었는데 사람들이 둘러앉아서 무언가를 만들고 있었다.

첫 번째 방에서는 여러 명의 장인들이 활을 만들고 있었다. 다른 방에서는 뿔을 깎고 아교를 칠하고 있었다. 다른 방에서는 장정들이 대나무를 산처럼 쌓아놓고 화살대를 다듬고 있었다. 다른 방에서는 긴 나무를 깎고 있었는데 창대를 만드는 것 같았다.

대장간에 비해서 힘든 일은 없는 것 같았지만 열심히 일을 하는 것은 똑같았다. 나는 이곳저곳을 구경하였다. 어떤 건물에서는 깃발을 만들고 있었고, 어떤 건물에서는 방패를 만들고 있었다. 무기는 모두 이곳에서 만드는 모양이었다.

처음 보는 신기한 구경이라 이리저리 다니다가 외진 문 앞에서 걸음을 멈추었다. 대문에는 붉은 글씨가 쓰여 있었는데 문이 반쯤 열려 있었다.

'여긴 어디지?'

문 안을 들여다보니 우거진 대숲이 펼쳐져 있었고, 길 하나가 나 있었는데 대낮인데도 어두컴컴하였다.

그때였다. 갑자기 쾅- 하는 소리가 들려왔다.

나는 하늘을 올려다보았다. 분명히 천둥이 치는 소리 같은데 하늘은 쾌청하였다. 바람결에 이상한 냄새가 실려 왔다. 무언가가 타는 것 같은 냄새였다. 대숲 깊은 곳에서 들린 소리가 분명해 보였다. 호기심이 일었다. 나는 반쯤 열린 문 안으로 들어가 대숲으로 난 오솔길을 따라 걸었다.

대숲을 따라 얼마나 걸었을까? 대숲이 끝나는 곳에는 넓은 공터가 있었고 채수염이 무성한 사내 하나가 커다란 수레 앞에서 횃불을 들고 서 있었다. 벌집처럼 구멍이 여러 개 뚫려 있는 수레에서 멀지 않은 곳에 나무로 만든 과녁판이 있었다. 가운데 붉은 동그라미가 그려진 화살을 쏘는 과녁판이었다.

나는 무엇을 하려는지 가만히 바라보았다. 우두커니 서 있던 채수염 사내가 수레 위에 있는 심지에 불을 붙였다. 심지가 타들어가더니 여러 개로 갈라지면서 허연 연기가 무성하게 일어났다. 그 순간이었다.

콰콰콰콰콰콰콰콰--

잇달아 벼락이 치는 소리가 일더니 수레 위에서 불꽃과 연기가 정신없이 솟아났다. 그와 동시에 멀리에 있는 과녁판이 산산조각이 나버렸다.

"에구머니."

나는 너무 놀라서 제자리에 주저앉고 말았다.

"이놈! 너, 누구냐?"

채수염 사내가 자개바람을 일으키며 달려왔다. 나는 몇 걸음 도망가지도 못하고 뒷덜미를 잡히고 말았다. 험상궂은 얼굴의 채수염 사내가 두 눈을 부라리며 소리쳤다.

"이놈아, 여기가 어딘 줄 알고 들어와. 너는 문 앞에 쓰인 출입 금지라는 글자도 못 봤느냐?"

"모, 못 봤는데유?"

"이놈이 뉘 앞에서 거짓말이야? 문 앞에 출입 금지라고 써 놓은 붉은 글씨를 못 봤단 말이냐?"

"아! 그게 출입 금지라는 말이에유? 지는 까막눈이라서 몰랐어유."

채수염 사내가 멍하게 나를 내려다보다가 덜미를 잡은 손을 놓았다.

"처음 보는 아이인데?"

"지도 처음이구먼유. 이곳의 높은 나리가 구경하고 오라 하기에 이곳저곳 구경하다 여기까지 왔구먼유."

"높은 나리가 군기시를 구경하라 했다고? 대체 누구야?"

"이름은 잘 모르겠고 군기소감이라고 하던데유?"

"군기소감? 그럼 이 소감이로군."

채수염 사내가 식식거리면서 나를 데리고 대숲을 나왔다.

대청으로 들어가니 유관 어르신과 이 소감이 이야기를 나누다가 우리를 바라보았다.

"해산이, 잘 있었는가?"

유관 어르신의 물음에 채수염 사내는 계단을 올라가다가 멈추어 서서 고개를 숙였다.

"아니, 대감님이 어쩐 일이십니까?"

"볼 일이 있어 왔지."

"무슨 볼일이십니까?"

"자네 옆에 있는 아이에게 일을 시킬까 하고 말이야."

채수염 사내가 나를 힐끔 보다가 유관 어르신에게 물었다.

"대감께서 데려오신 아입니까?"

"맞네. 그런데 무슨 일이 있었나?"

"이 자식이 제가 하는 일을 훔쳐보고 있지 뭡니까? 도대체

문단속을 어떻게 하는 건지 이 소감에게 따지러 왔지요."

이 소감이 황당하다는 얼굴로 말했다.

"자네 지금 나한테 시비 걸러 왔는가?"

나는 손을 흔들며 얼른 대답했다.

"지는 훔쳐보지 않았구먼유. 문이 열려 있어서 들어갔는데 마침 재미있는 광경이 있어서 구경한 것 뿐이에유."

유관 어르신이 물었다.

"무슨 광경을 봤느냐?"

"구멍이 숭숭 뚫린 수레에 횃불을 붙이지 뭐에유? 그러니까 갑자기 벼락 치는 소리가 정신없이 나더니 먼 데 있는 과녁이 산산조각이 나지 뭐에유? 시상에 얼마나 놀랐는지 오줌을 쌀 뻔했구먼유."

채수염 사내가 껄껄 웃으며 말했다.

"이놈아, 그것이 화차라는 것이다."

"화차유?"

"내가 만든 신무기란다. 화포는 쇠 통 안에다가 둥근 쇳덩어리를 넣고 화약을 장전해서 쏘는데 너무 무거워서 기동하기가 어려운 단점이 있단다. 수레가 달려 있는 화차는 기동력이 뛰어나고 위력도 대단하지."

채수염 사내가 어깨를 으쓱하며 말했다.

"우와! 정말 대단해유. 그걸로 왜적들을 무찌르면 되겠구먼유."

"왜적?"

붉은 옷을 입은 이 소감 아저씨가 끼어들었다.

"그 아이가 비인에서 왜적들에게 가족들을 잃고 한양까지 혈혈단신으로 올라와서 어젯밤에는 주상 전하를 만났지 뭔가? 주상 전하에게 왜적의 소굴을 쳐서 복수해 달라고 소원을 빌었다는군."

"그래? 대단한 아이로군."

채수염 사내가 나를 다시 바라보았다.

이 소감이 나를 가리키며 말했다.

"안 그래도 저 녀석 때문에 전쟁이 일어날지도 모르겠어. 조정에 공론이 일어나고 있다더군."

"전쟁? 으허허. 전쟁 좋지. 으허허허."

채수염 사내가 누런 이를 드러내며 웃었다.

"그건 그렇고, 저 녀석 일자리 때문에 대감께서 친히 여기까지 걸음하셨다네."

"그래?"

이 소감이 나에게 말했다.

"군기시를 한 바퀴 둘러봤으니 여기가 어떤 일을 하는 곳인지는 알겠지? 내일부터 너는 대장간으로 가서 허드렛일부터 시작하거라."

나는 옆에 있는 채수염 사내를 힐끔 보곤 물었다.

"나리, 채수염 나리 밑에서 허드렛일을 하면 안 될까유?"

채수염 사내가 호통을 쳤다.

"이놈아, 거긴 위험해. 잘못하다간 죽을 수도 있단 말이다."

"죽어도 좋으니께 거기서 일하게 해 주세유."

"안 돼. 안 된다구."

"나리, 거기서 일하게 해 주세유."

나는 채수염 사내의 다리에 매미처럼 찰싹 달라붙어서 사정하였다.

유관 어르신이 웃으며 말했다.

"해산이, 그 아이가 홀로 오백육십 리 길을 달려와서 신문고를 두드린 아이일세. 근기(根氣, 참을성 있게 견뎌 내는 힘)가 고래 심줄보다 질긴 아이니 자네가 잘 생각해 보게."

"허! 이것 참. 골치 아프게 생겼네."

채수염 사내가 난처한 표정을 짓다가 도리머리를 흔들며

말했다.

"알았으니 잡은 다리를 놓거라."

"야? 정말이에유?"

"어휴. 징그러운 놈."

이 소감이 껄껄 웃으며 말했다.

"순돌아, 너 오늘 봉 잡은 줄 알거라. 화약방은 아무나 들어갈 수 있는 곳이 아닌데 운이 좋았다."

"정말 고맙구먼유. 열심히 하겠구먼유."

나는 주먹을 불끈 쥐어보였다.

"녀석, 붙임성 하나는 마음에 드네."

채수염 사내는 너털웃음을 웃었고, 대청 위에 있던 유관 어르신도 미소를 지었다.

순덕 어멈

　서산에 해가 기우는 저녁 무렵, 집으로 돌아와 군기시의 일을 하게 되었다고 말하니 노부인과 순덕 어멈이 자기 일처럼 좋아하셨다. 저녁에는 보글보글 맛있게 끓인 된장찌개에 쌀밥이 섞인 보리밥이 나왔다. 고기반찬도 있었다. 쌀밥에 고기반찬은 일 년 동안 손가락에 꼽을 정도로 맛볼 수 있는 진미였다. 내 눈은 놀란 토끼눈이 되었다.
　"오늘 궁궐에서 수라상의 반찬이 나왔지 뭐냐? 임금님께서 수라상의 찬을 가끔씩 보내 주셔서 우리 입이 호강할 때가 많단다. 그러니 많이 먹어라."
　순덕 어멈은 싱글벙글 웃으면서 고기반찬을 밥 위에 올려

주셨다. 이밥 위의 고기반찬을 보니 갑자기 가슴이 울컥해졌다. 반찬을 집어주던 엄마가 생각났기 때문이다. 엄마도 그랬다. 좋은 것이 있으면 장남이라고 나부터 주셨다. 나는 목이 메여 고개를 숙였다.

"순돌아, 왜 그러니?"

"아, 아무것도 아니구먼유."

눈시울이 뜨거워지며 눈물이 왈칵 솟아났다. 나는 손등으로 얼른 눈물을 닦았다.

"내가 무슨 잘못을 했니?"

"아니구먼유. 너무 좋아서…… 너무 좋아서……."

눈치도 없이 눈물이 마구 쏟아졌다. 나는 손등으로 연신 눈물을 닦았다.

"엄마 생각하니?"

순덕 어멈의 물음에 고개를 끄덕였다.

따스한 손이 내 어깨를 어루만지고 있었다.

"슬플 땐 마음껏 우는 것도 괜찮다."

나는 고개를 들었다. 순덕 어멈의 양 볼에서도 눈물이 흐르고 있었다. 내가 엄마를 생각하는 것처럼, 순덕 어멈도 순덕이를 생각하고 있는 것이 틀림없었다.

"지가 눈치도 없이……. 죄송하구먼유."

"아니다. 내가 눈치도 없이……."

순덕 어멈이 치맛자락으로 눈가를 닦았다. 우리는 한동안 밥상 앞에서 말없이 앉아 있었다.

이날 밤, 이부자리에 누운 나는 마음이 싱숭생숭하였다. 가족이 화를 입은 후, 방 안에서 자는 것은 처음이었다. 모기떼가 가득한 처마 밑과 헛간을 전전하던 내가 시원한 베이불을 덮고 있다는 것이 믿어지지 않았다. 어제까지만 해도 천지간에 의지할 곳이 없었는데 이렇게 의지할 곳이 생기니 마음이 든든하였다.

한편으로는 이렇게 호강해도 되는 것인지 미안한 마음도 들었다. 비명에 죽은 부모님과 동생들을 생각하면 호강이 가시방석처럼 느껴졌다. 모두가 내 것이 아닌 것처럼 생각되었다.

옆방의 순덕 어멈에게는 어떤 사연이 있는지도 궁금했다. 순덕이라는 아들은 나보다는 덩치가 큰 사내였을 것이다. 순덕이는 왜 죽은 것일까? 아마도, 병 때문이었을 것이다. 병으로 가족을 잃은 사람을 나는 많이 보았다. 앞 고을에 살던 만근이 형은 폐병으로 시름시름 앓다가 죽었고, 옆집에 살던

개똥이는 갑자기 배가 아파서 죽었다. 말똥이 엄마는 아이를 낳다가 산후더침으로 죽었고, 제 작년에 갓 난 막내 동생도 이틀 만에 죽었다. 병에 걸린다는 것은 참 무서운 거다.

가족을 잃은 내 마음과 아들을 잃은 어머니의 마음은 비슷할 것이다. 어쩌면 순덕 어멈과 나는 같은 처지일지도 몰랐다. 나는 이런저런 생각으로 밤을 지새웠다.

초저녁에 덥다고 열어 놓은 들창 때문인지 새벽이 되자 갑자기 오한이 나고 머리가 지끈지끈 아프더니 온몸이 물먹은 솜처럼 무거워져 일어나지 못했다. 이날, 나는 몸을 옹송그리며 정신없이 끙끙 앓아누웠다.

배가 고프면 서러움을 느끼지만 몸이 아프면 그리움을 느낀다. 나는 가족이 보고 싶었다. 아버지도 보고 싶고 동생도 보고 싶었다. 그중에서도 엄마가 가장 보고 싶었다. 누군가가 내 머리 위에 수건을 얹어놓았다.

"어, 엄마. 가지 마."

나는 엄마의 손을 잡았다. 눈을 뜨니 순덕 어멈이 보였다. 나는 순덕 어멈의 손을 잡고 있었다. 나는 살며시 순덕 어멈의 손을 놓았다.

"정신이 들어? 하루 종일 끙끙 앓았단다. 며칠 동안 잠도

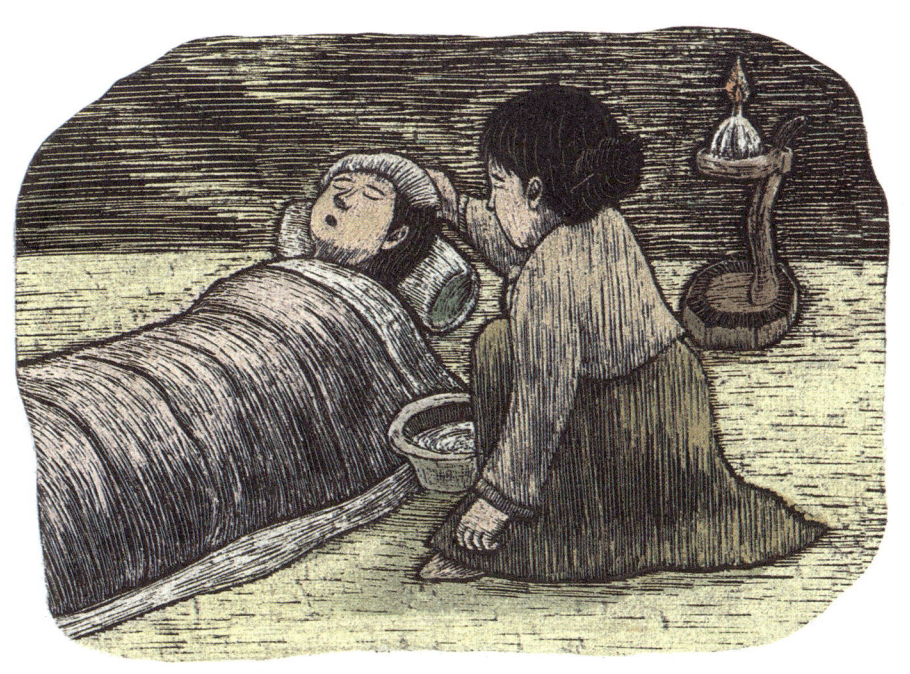

제대로 못 자고 돌아다녔으니 병이 날만도 하지. 쯧쯧쯧."

 순덕 어멈이 옹배기에 수건을 빨아서 내 머리에 얹어 주고는 나갔다가 밥상을 들고 들어왔다.

 "기운을 차리려면 먹어야 해. 좀 먹어봐."

 순덕 어멈은 숟가락으로 미음을 떠 주었다. 나는 팔다리에 힘이 없어서 순덕 어멈이 주는 대로 받아먹을 수밖에 없었다. 미음을 먹여 주는 순덕 어멈의 입가에 미소가 피어났다. 미음 한 그릇을 알뜰히 비우자 이번에는 순덕 어멈이 약사발을 들고 들어왔다.

"의원이 다녀갔단다. 밥도 먹었으니 이걸 마시고 한숨 푹 자면 차도가 있을 거다."

순덕 어멈이 내 몸을 일으켜서 약을 마시도록 해 주었다. 순덕 어멈이 마치 죽은 엄마처럼 느껴졌다. 쓰디쓴 약이 이상하게도 쓰게 느껴지지 않았다.

"고, 고맙구먼유."

"아니다. 고맙긴. 내가 고맙지."

"야?"

순덕 어멈의 눈가가 붉게 상기되어 있었다.

"눈가가 왜 그렇데유?"

"아, 아니다. 어서 한숨 자거라."

순덕 어멈이 약사발을 들고 도망치듯 나갔다.

바깥에서 노부인의 목소리가 들려왔다.

"새벽부터 엄마를 그렇게 부르더니 순돌이는 어때?"

"하루 종일 끙끙 앓더니 많이 좋아졌네요. 약을 먹었으니 괜찮아지겠지요."

"새벽부터 지금까지 쉬지도 않고 병간호하느라 힘들지 않은가? 자네도 좀 쉬게. 이제는 내가 하지."

"마님두 참, 괜찮아요. 제가 좋아서 하는 일인 걸요."

"허허. 내가 돌본 데도 고집을 부리네……."

"제가 돌볼 테니 마님은 걱정 마세요."

말만 들어도 가슴이 따뜻해져 오는 것 같았다.

사람은 아플 때 슬픔과 외로움을 느낀다. 하지만 오늘 나는 마음이 따뜻해서 그런 생각이 들지 않았다. 노부인의 마음과 순덕 어멈의 간호 덕분에 씻은 듯이 나을 수 있었다.

다음날, 노부인과 순덕 어멈의 만류에도 불구하고 나는 입궐하는 유관 어르신과 함께 집을 나섰다. 정말로 몸이 깃털처럼 가벼웠다. 유관 어르신을 종로까지 배웅한 후에 나는 군기시로 들어갔다.

군기시에 들어간 나는 화약방으로 가게 되었다. 화약방은 군기시에서 가장 중요한 일을 하는 곳이었다. 이곳에서는 화약으로 사용 가능한 무기들을 만들었는데 이를테면 화포 같은 신무기들도 개발하였다.

화약방의 책임자인 채수염 아저씨의 이름은 최해산인데 고려 시대에 화약을 만든 최무선 장군의 아들이었다.

고려 말에는 왜구들의 노략질로 온 나라가 골치를 앓았다고 했다. 그때, 최무선 장군이 화약을 발명하여 왜구의 배를 화포로 태워버렸다고 했다.

배를 잃은 왜구는 육지에 올라와서 전라도와 경상도까지 노략질하고 운봉에 모였는데, 이때 태조 대왕이 병마도원수로서 여러 장수들과 함께 왜구를 섬멸하였다. 이때부터 왜구의 침입이 줄어들고, 또 항복하는 도적들이 잇달아 나타나서, 바닷가의 백성들이 생업을 회복하게 되었다고 했다. 후에 이 일로 태조 대왕은 백성들의 인망을 얻어 조선을 개국하게 되었다고 했다.

최무선은 임종할 때 화약 제조법을 기록한 책을 최해산에게 물려주었는데, 그런 이유로 화약을 제조하는 군기시 감승이 될 수 있었다.

화약방은 7칸짜리 긴 회랑 같은 건물이었는데 대장간처럼 화덕과 풀무가 있었고 뒷벽 서가에 봉지들이 가득하였다. 바닥에는 올망졸망한 작은 독이 즐비하고 쇠 절구와 오지단지가 여러 개 있었다.

오지단지 안에는 시커먼 흙이 가루가 되어 있었다. 손가락을 찍어 흙내를 맡아보니 코끝이 시큼하였다.

"이것이 화약 연료란다. 무수한 흙의 조합으로 화약은 만들어져."

최 감승은 시커먼 흙을 만지작거리다가 화약방 앞에 있는 화포를 가리키며 말했다.

"화포가 큰불을 내품으면 커다란 철환이 날아가 목표물에 떨어지는데 그 모습이 장관이란다. 언젠가 명나라에서 온 사신이 내게 화포를 보여 달라기에 태평관에서 멀리 떨어진 곳에 화붕(火棚)을 설치하고 저물녘에 사신이 보란 듯이 화포를 쏘았지. 커다란 불꽃을 일으키는 화포의 위력을 보고 사신들이 얼마나 놀랐는지 입을 다물지 못하더라. 으허허허. 하긴 명나라에서도 만들기 어려운 화약을 조선에서 보았으니 그럴 만도 했겠지."

최 감승의 자부심은 대단해 보였다.

"자, 이제부터 네가 할 일을 가르쳐 주마."

최 감승은 건물 뒤편에 있는 아궁이로 나를 데려갔다.

몇 개가 연달아 이어져 있는 아궁이에서 조금 떨어진 창고에는 마른 짚이 산더미처럼 쌓여 있었는데 최 감승은 짚 한 더미를 가져와서 나에게 말했다.

"자, 지금부터 짚을 태워서 재를 만들어라."

"예? 재를 만들라구유?"

"이놈아, 재를 우습게 보지 말거라. 짚을 태운 재는 화약의 연료란 말이다. 나는 화약을 대량 생산할 수 있는 방법을 연구 중에 있단 말이다. 이 일이 성공하면 왜놈들을 무찌르는 것은 일도 아니란다."

"아! 알겠구먼유. 열심히 하겠구먼유."

군기시의 화약방에는 나뿐만 아니라 많은 사람들이 화약을 만들고 있었기 때문에 외롭지는 않았다.

하루 종일 찌는 듯이 덥더니 저녁 무렵이 되자 갑자기 바람이 불고 검은 구름이 몰려들고 있었다. 소나기가 내릴 것만 같아서 달음질을 해서 흥인문을 나섰다.

내가 유관 어르신의 집에 도착하자마자 삼 줄기 같은 소낙비가 쏟아졌다. 소낙비를 피하려고 행랑채 처마 아래에

있으니 유관 어르신의 목소리가 들려왔다.

"순돌이 왔느냐?"

방 안에는 언제 퇴청하셨는지 유관 어르신과 노부인이 사이좋게 앉아 계셨다.

"다녀왔구먼유."

나는 고개를 숙여 인사를 드렸다.

"일은 배울 만하고?"

"야."

"뭐든 부지런하게 하면 먹고살 걱정은 없느니라."

유관 어르신이 덕담을 해 주셨다. 그런데 유관 어르신이 방 안에서 우산을 들고 있었다. 비가 새는 모양이었다.

쏟아지는 소나기를 바라보던 유관 어르신이 옆에 있는 노부인에게 말을 건넸다.

"그래도 우리는 나은 편이구려. 우산도 없는 집에서는 어찌 견딜꼬?"

유관 어르신이 혀를 차니 노부인이 웃으며 말했다.

"걱정도 많으시오. 우산 없는 집은 다른 방법이 있겠지요."

"그런가? 하긴 있는 사람은 있는 대로 살고, 없는 사람은 없는 대로 살아가는 법이지."

노부부는 소나기가 그칠 때까지 도란도란 이야기를 나누었다. 그 모습이 얼마나 다정스러운지 부러운 마음이 들었다.

한여름 소나기가 그치자 날씨가 한층 선선해졌다. 시장에 갔다가 돌아온 순덕 어멈은 눅눅해진 방 안을 치우고, 밥을 짓느라 바삐 움직였다. 나도 뭔가를 도와야겠다는 생각이 들어서 우물에서 물을 길어 왔다. 부엌에 있는 물 항아리에 물을 가득 채우자 저녁밥을 짓던 순덕 어멈이 좋아하였다.

"마님, 우리 집에 일꾼이 하나 늘었네요."

"그러게."

노부인이 빙그레 웃으며 고개를 끄덕끄덕하였다.

저녁을 먹은 후, 어둠이 내려앉자 나는 마당에 모깃불을 피워 놓았다.

염천 더위에 잠을 이루지 못한 유관 어르신과 노부인은 평상에 앉아 부채질을 하고, 순덕 어멈은 부엌에서 설거지를 했다. 나는 마당에 깔아 놓은 멍석 위에서 모깃불을 뒤집으며 유관 어르신에게 군기시에서 있었던 이야기를 해 주었다. 이야기를 듣고 난 유관 어르신이 말했다.

"어제는 황해도에 왜구들이 침입했다더구나."

"왜구들이 황해도에 침입했다구유? 죄 없는 사람들이 화를 입었겠네유."

유관 어르신이 고개를 끄덕였다.

"그 일로 상왕께서 진노가 크시더구나. 비인에 침입한 왜적을 막지 못했던 충청좌도 도만호 김성길은 참형을 당했단다. 아무래도 조정의 공론이 대마도를 정벌하는 쪽으로 굳어질 것 같더구나."

"참말이유?"

유관 어르신이 고개를 끄덕이며 말했다.

"젊은 임금께서 상왕의 뜻을 굳히게 하신 것 같더구나. 네가 신문고를 두드린 공도 크다."

"그럼, 머잖아 대마도를 정벌하러 가겠네유?"

"그래, 조정에서 조치가 있을 것이니 기다려 보거라."

부지깽이로 모깃불을 뒤적이자 뿌연 연기가 피어올랐다. 볏짚과 쑥을 태운 매캐한 연기는 극성맞은 모기들을 멀리 쫓아 보내는 데 특효다. 내가 살던 비인은 모기가 크고 독했는데 여기는 한양이라 덜한 것 같았다.

"그런데 말에유. 제가 듣기로 벼슬아치들은 고래 등 같은 기와집에서 산다던데 어째서 대감님은 이렇게 가난한 거예유?"

"가난은 부끄러운 것이 아니다. 청렴하지 않게 부를 쌓은 것이 부끄러운 일이지. 자고로 윗물이 맑아야 아랫물이 맑은 법이 아니겠느냐? 내가 부도덕하게 부를 쌓고 법을 어기고 바르게 살지 않으면 나를 바라보는 백성들도 그렇게 할 것이니, 나 같은 벼슬아치가 깨끗하지 않고서 어찌 나라가 바로 서고 아랫사람을 다스릴 수 있겠느냐?"

"맞구먼유. 대감님 말씀이 천만번 지당하구먼유. 어쨌거나 지는 대감님 같은 분이 많았으면 좋겠어유. 그럼 백성들이 행복하게 살 수 있을 것 아녀유."

부지깽이로 마당에 피워 놓은 모깃불을 뒤적이자 뿌연 연기가 다시금 피어올랐다.

"네 덕에 올 여름은 모기 걱정을 덜하는구나."

"그런 말씀 마셔유. 대감님이 이런 것을 해 보셨을 리 만무하구유, 마땅히 은혜를 입은 제가 해야지유."

행주치마에 손을 닦으며 부엌에서 나오던 순덕 어멈이 말했다.

"순돌이가 일꾼이에요. 저녁나절에는 물을 한 항아리 받아 오더니 모깃불도 피울 줄 알고, 누가 시키지 않아도 척척하니 대견하지요?"

"그러게 말일세."

유관 어르신이 맞장구를 쳐주었다.

노부인이 웃으며 말했다.

"순돌이가 들어오니 사람 사는 집 같구나. 순덕 어멈의 얼굴도 밝아지고 말이야."

"제가요?"

"순돌이는 부모 형제를 잃었고, 자네도 하나뿐인 자식을 잃었으니 외로운 사람들이 아닌가? 지나간 일은 모두 잊고 가족처럼 의지하며 오순도순 살면 되지 않겠나?"

노부인의 말에 유관 어르신이 말했다.

"본래 사람이란 홀로 살 수가 없는 법이지. 서로 도와가며 살라고 옛 사람들이 사람 인(人)의 형상을 서까래처럼 포개어 놓은 거 아니겠나? 반드시 피를 나누었다고 가족이 되는 것은 아니지. 정을 나누면 그게 가족인 게야."

유관 어르신과 노부인이 나를 바라보며 미소를 지었다.

출정

유관 어르신의 말씀이 있은 지 이틀 후인 5월 15일, 대마도를 정벌한다는 임금님의 교지가 반포되었다. 드디어 내 소원이 이루어진 것이다.

임금께서는 이종무를 삼군 도체찰사로 명하여 중군을 거느리게 하고, 우박·이숙묘·황상을 중군 절제사로, 유습을 좌군 도절제사로, 박초·박실을 좌군 절제사로, 이지실을 우군 도절제사로, 김을화·이순몽을 우군 절제사로 삼으셨다.

교지가 반포되자 각 읍 각 고을에서 왜구에게 원한이 깊은 이들이 자원하여 모여들었다. 나처럼 왜구들에게 원한이 많은 지원자가 줄을 이을 정도로 많았다.

군기시의 이 소감께 듣기로는 대마도를 치러 가는 병력의 숫자가 경상·전라·충청의 3도의 군졸과 합하여 1만 7천 명이 넘는다고 했다. 대마도 정벌에 충당되는 병선도 각 도에서 모으고 있다고 했다. 나도 자원하였다.

이 소감과 최 감승에게 떼를 쓰듯이 졸라서 겨우 승낙을 얻을 수 있었다. 마침, 이번 전쟁에 화차를 운용하는 화약방의 병력도 파견되기 때문에 그 안에 속해 출정하는 조건이었다.

군기시는 전쟁 준비로 쉴 틈이 없었다. 나는 집에도 가지 못하고 아침부터 밤까지 화약을 만들기 위해 동분서주하였다. 화약을 제조하는 것은 최 감승만이 할 수 있었지만 원료를 만들기 위해 화약방의 인원들이 총동원되었다. 화약방의 아궁이에서는 하루 종일 염초를 만들기 위해 볏짚을 태우는 연기가 끊이지 않았다.

나는 온종일 화차를 다루는 방법을 배워야 했다. 화차 하나에는 세 명의 병사가 투입되었는데 각각 화약과 철령전, 심지를 맡았다. 세 명은 화차를 끄는 임무도 동시에 하였는데 화차장이 최종으로 완성된 화차를 점검하고 심지에 불을 붙였다. 나는 경험이 없고 어렸기 때문에 구슬 같은 철령전을 작은 화포 안에 넣은 임무를 맡았다.

이날, 나는 젊은 임금님을 또 뵐 수 있었다. 군기시를 시찰하던 임금님은 최 감승이 만든 신무기인 화차를 보기 위해 화약방에도 오셨다.

최 감승이 만든 신무기인 화차는 단병접전을 위해 만든 무기였다.

고려 시대에는 뇌등 석포와 육화 석포가 있었는데 포신 안에 돌덩어리를 넣어 수백 발의 돌멩이를 날렸다. 화차는 고려 시대의 육화 석포의 원리를 이용하여 단병접전에 강한 왜적들의 예기를 꺾기 위해 고안한 무기였다.

이 포는 가로, 세로 30칸으로 나눈 벌집 같은 나무 곽에 대나무처럼 생긴 철통 ― 화포를 축소해 놓은 것처럼 생겼다 ― 을 장전하고 그 안에 쇠구슬처럼 생긴 철령전 여러 개를 넣고 심지에 불을 붙이면 화약이 폭발하면서 수레 앞은 쑥대밭이 되는 것이다.

"순돌아, 화차를 끌고 나오너라."

나는 심지를 붙인 화차를 끌고 나갔다. 화약방 마당에는 곤룡포를 입은 임금님이 서 계셨다. 나는 얼른 고개를 숙였다.

"못 보던 자로구나."

임금님의 물음에 최 감승이 말했다.

"며칠 전에 새로 들어온 아이입니다. 이름이 순돌이라 하는데 예문관 대제학 대감의 추천으로 들어왔습지요."

"신문고를 두드린 그 아이로구나. 나를 만난 적이 있지?"

"야."

나는 넙죽 엎드려 이마를 땅에 박고 대답하였다.

"엎드려 있지 말고 일어나거라."

나는 자리에서 일어나 두 손을 모으고 섰다.

"전하, 마당 뒤편으로 가시죠. 이번에 개발한 화차를 보여 드리겠습니다."

최 감승이 손을 흔들어 화차를 끌고 가라는 신호를 하였다. 나는 병사와 함께 화차를 끌고 마당 뒤편으로 갔다.

마당 뒤편의 공터에는 짚으로 만든 허수아비들을 무수하게 세워 놓았다. 이곳에서 화차의 위력을 시험하였는데 잦은 실험 탓에 잡초 하나 없었다.

"도화선은 제대로 연결했느냐?"

"야."

최 감승이 임금님에게 말했다.

"위험하니 멀리 떨어져 계십시오."

임금님은 최 감승이 가리키는 방향으로 몸을 피했다. 나도 재빨리 물러섰다. 화약이 폭발하면 그 반동 때문에 뒤편에 있는 사람이 다치거나 수레가 파손되는 일이 빈번했기 때문이다.

최 감승은 화차에 연결된 도화선에 불을 붙이고는 재빨리 뒤로 물러섰다. 도화선의 불꽃이 여러 곳으로 갈라지다가 60개의 철통에 옮겨 붙었다.

콰콰콰쾅---다다타탁---콰콰콰콰쾅----

요란한 천둥소리와 함께 화차에서 불꽃이 연달아 일어나며 화약 연기가 자욱하게 퍼졌다. 한동안 쉴 세 없이 퍼부어 대던 소리가 마침내 잠잠해졌다. 자욱한 화약 연기가 걷히자 만신창이가 된 허수아비들의 형체가 드러났다.

허수아비들은 팔 다리가 떨어지거나 기둥이 꺾어 바닥에 어지럽게 뒹굴고 있었는데 뒤편 둔덕에는 뿌연 흙먼지가 피어오르고 있었다. 철령전이 폭발하여 흩어지면서 만든 것이었다.

최 감승이 만족한 얼굴로 허리를 굽히며 말했다.

"전하, 화차 앞에서는 신선이라도 살아남을 수 없을 것입니다."

"대단하군."

임금님이 흡족한 듯 고개를 끄덕이며 물었다.

"지금 당장 사용할 수 있는 화차는 몇 대인가?"

"당장 사용할 수 있는 화차는 다섯 대입니다."

"다섯 대? 경은 우리 군사들이 대마도를 치러 간다는 이야기를 들었는가?"

"들었사옵니다."

"이번 달 말까지 몇 대나 더 만들 수 있겠나?"

"수레는 언제라도 준비가 가능하지만 화차에 들어갈 철통을 만드는 것은 쉬운 일이 아닙니다. 밤낮으로 일을 한다 하더라도 다섯 대 정도 준비할 수 있을 것입니다."

"화포는 몇 대나 사용할 수 있는가?"

"아뢰옵기 황공하오나 옛적에 아버님이 쓰시던 화포는 낡아서 사용이 불가능하옵고, 새로 개발한 화포는 실험 중이어서 당장 전투에 사용하려면 문제가 있습니다."*

---

*고려 말엽에 최무선은 대장군포(大將軍砲)·이장군포(二將軍砲)·삼장군포(三將軍砲)·육화석포(六花石砲)·화포(火砲)·신포(信砲)·화통(火㷁)·화전(火箭)·철령전(鐵翎箭)·피령전(皮翎箭)·질려포(蒺藜砲)·철탄자(鐵彈子)·천산오룡전(穿山五龍箭)·유화(流火)·주화(走火)·촉천화(觸天火) 등 수많은 병기를 만들었으나 그 이후로 화포 병기에 대한 연구가 없어서 세종 초기에는 남아 있는 것이 얼마 없었다.

"그래?"

임금님이 얼굴을 찌푸렸다.

"송구하옵니다. 화약이 터질 때 생기는 힘을 견디지 못하고 깨지는 화포가 있어서 무쇠와 주석의 비율을 달리해서 화포를 만들고 있습니다. 무쇠와 주석의 비율만 알아낸다면 화포를 대량으로 만드는 것은 어려운 일이 아닌데, 소신의 재주가 모자라니 부끄러울 따름입니다."

최 감승이 머리를 조아렸다.

"그대들이 만드는 화약과 병기야말로 이 나라에 필요한 것임은 잘 알고 있소. 염초의 대량 생산도 중요하지만 병기를 다양하게 만드는 것도 중요하니 경은 포기하지 말고 열심히 연구하기 바라오."

임금님은 최 감승의 어깨를 두드리며 나에게 미소를 지었다.

"신이 열과 성을 다하겠습니다."

최 감승이 임금님께 머리를 조아릴 때에 나도 머리를 숙이며 열심히 하겠노라 다짐하였다.

저녁 무렵, 집으로 돌아온 나는 유관 어르신에게 이번 전쟁에 출정하게 되었다고 아뢰었다. 유관 어르신과 노부인은 말없이 고개만 끄덕였지만 순덕 어멈은 혼자 결정했다며 투덜댔다.

"이 녀석아, 죽으려고 환장했느냐? 나이도 어린 것이 전쟁이 뭐야?"

순덕 어멈이 유관 어르신께 말했다.

"대감, 순돌이는 나이가 어려서 안 됩니다. 대감께서 안 된다고 힘 좀 써 주세요."

나는 화가 났다.

"지가 가겠다는데 아줌니가 왜 그러세유?"

"이 녀석아, 걱정이 돼서 그러지. 전쟁터가 아이들 놀이터인 줄 아느냐? 가면 죽어. 죽는다고!"

"아줌니가 뭔데 그러세유? 지 부모님이라도 되남유? 죽어도 지가 죽어유. 지는 부모님 원수를 갚으러 갈 테니 아줌니는 참견 마셔유."

"참견 말라구? 참견 말라구?"

순덕 어멈이 주먹으로 가슴을 몇 번 치다가 화가 난 듯 밖으로 나가 버리고 말았다. 들마루에 앉아 있던 유관 어르신이 혀를 차다가 손짓하며 나를 불렀다.

"순돌아, 전쟁터에 꼭 가야겠느냐?"

"야, 지 결심은 철석같이 단단하구먼유."

"네 마음은 잘 알겠다. 그런데 순덕 어멈이 너에게 왜 그러는지 아느냐?"

"지는 잘 모르지유."

"10년 전에 왜선 23척이 충청도 수영을 침입한 적이 있단다. 그때, 수군 첨절제사 현인귀가 왜구들과 싸우다가 화살에 맞아 죽고 병선 2척을 빼앗긴 일이 있었다. 그때, 순덕 어멈의 외아들인 순덕이는 충청도 수영에서 수자리를 살고 있었는데 왜구들의 화살에 맞아 전사하고 말았지. 의지할 사람이라곤 순덕이 밖에 없던 순덕 어멈은 그 이후로 실성한 사람처럼 제정신이 아니었다."

옆에 있던 노부인이 거들었다.

"순덕 어멈은 네가 남 같지 않은 모양이더구나. 요즘엔 얼굴에 활기가 가득해서 보기 좋았는데 네가 전쟁터에 간다니 기분이 좋지는 않겠지. 이별이란 슬픈 것이니까 말이다."

나는 아주머니의 아들이 왜적들의 손에 죽었으리라고는 생각하지 못했다. 나는 순덕 어멈의 마음에 돌을 던진 것이나 다름없었다. 하지만 순덕이 성님이 죽은 것도 왜구 때문이니 이번 기회에 반드시 왜구의 소굴을 섬멸해야 후일에

이런 일이 다시 일어나지 않을 것이다.

"마님, 아줌니는 어디에 있을까유?"

"아마도 우물가에서 홀로 울고 있겠지."

"잠시 다녀오겠구먼유."

나는 사립문을 나서서 우물가로 향했다. 우물가 옆에 있는 앵두나무 아래에 그림자 하나가 웅크리고 있는 것 같았다.

"아줌니, 아줌니유?"

"순돌이니?"

순덕 어멈의 목소리가 들렸다. 노부인 마님도 족집게가 틀림없다. 앉아서 천 리를 본다고, 어쩜 정확하게 알고 있을까? 나는 천천히 앵두나무 아래로 다가갔다.

순덕 어멈은 눈물을 급히 닦았는지 채 눈물이 가시지 않은 얼굴로 내게 말했다

"여기까지 뭣 하러 왔어?"

"아줌니, 방금 전에 순덕이 성님 이야기 들었구먼유."

"그, 그래. 내가 너무 분수에 맞지 않는 말을 했지?"

"아니에유. 지가 걱정이 돼서 그런 건데 너무 과했구먼유."

"그래서 말인데……. 순돌아, 전쟁에 꼭 참가해야 되겠니?"

순덕 어멈이 마치 엄마처럼 나를 걱정해 주고 있었다. 나는 마음이 약해졌지만 이내 마음을 굳게 먹었다.

"아줌니 마음은 알겠지만 지는 전쟁에 참가하지 않고는 아무것도 못 하겠시유. 비명에 돌아가신 부모님과 동생들의 복수도 해야 되겠구, 억울하게 죽은 순덕이 성님 복수도 해야겠구먼유. 지 마음은 그렇구먼유. 지가 이번에 아줌니 몫까지 복수를 하고 오겠구먼유. 왜구의 소굴을 파괴하면 나 같은 피해자도 순덕이 성님 같은 희생자도 다시는 생겨나지 않을 거 아녀유. 안 그래유?"

순덕 어멈이 치맛자락으로 눈을 훔치며 말했다.

"그래, 네 말이 맞다. 네 맘도 모르고 미안하구나. 내 원수도 갚아다오."

"야, 지가 아줌니 원수까지 갚고 올 거구먼유."

"그래, 고맙구나. 기특하고……."

"걱정하지 마세유."

"순돌아, 한 가지 부탁이 있단다."

"그게 뭔데유?"

"반드시 살아서 돌아와야 한다. 싸움이 일어나더라도 싸우지 말고 도망쳐야 한다."

"그게 맘대로 되남유? 하지만 지도 사람인데 살려구 노력하겠지유."

"그래, 꼭 살아서 돌아와야 한다. 약속이다."

순덕 어멈이 새끼손가락을 들었다.

"좋아유, 약속하겠구먼유."

그로부터 3일 후인 5월 18일, 나는 군기시 화약방의 일원으로 당당하게 대마도를 향해 출전하게 되었다. 이날 두모포에는 50여 척의 전선이 형형색색의 깃발을 휘날리며 위용을 뽐내고 있었다.

젊은 임금님과 상왕은 장병들을 전송하기 위해 두모포 백사정에 납시었다. 임금님과 상왕 옆으로 청단령과 홍단령을 입은 조정의 관리들이 도열하였다. 휘장 밖에는 구경 온 사람들로 인산인해를 이루었다.

넓은 공터 좌측에서 삼현육각을 들고 있던 악사들이 풍악을 울리자 아름다운 옷을 입은 무희들이 부채를 펼치며 춤을 추었다.

부채춤이 끝나자 임금님이 일일이 장수들을 하명하셨다. 이름이 불린 장수들은 임금님 앞으로 나아가 어주를 받았다.

장수가 받은 어주를 다 마시면 임금님은 활과 화살을 하사하셨다.

　임금님이 출전하는 장수들을 격려하고 있을 때, 모래사장에서는 병사들이 고기와 밥을 배부르게 먹었는데 나는 화약방의 사람들과 함께 배를 채웠다.

　식사가 끝날 무렵, 홍단령을 입은 유관 어르신이 나를 찾아왔다.

"순돌아."

"어르신."

나는 벌떡 일어나 꾸벅 인사를 드렸다.

"전쟁터로 가는데 무섭지 않느냐?"

"무섭긴유? 가족들의 원수를 갚으려고 가는 건데유. 지는 하나도 안 무서워유."

"녀석."

유관 어르신이 내 머리를 쓰다듬어 주셨다.

"어르신도 몸 건강 하세유."

"내 걱정을 말고, 몸조심하거라."

"야, 어르신. 인사 받으세유."

나는 유관 어르신께 넙죽 큰절을 올렸다.

"몸조심하고 잘 다녀오너라."

어르신이 미소 띤 얼굴로 물끄러미 나를 바라보았다. 걱정이 가득한 것 같아 보여서 괜히 가슴이 뭉클하고 눈물이 나올 것만 같았다.

"어르신, 지는 그만 가 보겠구먼유."

"오냐, 잘 다녀오거라. 모두가 기다리니 몸조심하고……."

나는 도망치듯 배로 돌아왔다.

아는 사람 하나 없는 한양 땅에서 유관 어르신을 만나지 못했다면 나는 외진 곳에서 굶어 죽었을 것이다. 어르신이 아니었다면 신문고를 두드리지도, 임금님을 만나지도 못했을 것이다. 또 군기시에 들어갈 수도, 전쟁에 참가할 수도 없었을 것이다.

모든 것이 어르신 덕분이라고 생각하니 너무 고맙고 감사한 마음이 들었다. 어쩌면 어르신을 다시 볼 수 없을지도 모른다고 생각하니 가슴이 뭉클해졌다.

"어르신, 부디 건강하세유."

잔치가 끝나자 우리가 탄 배는 미끄러지듯이 강물을 따라갔다. 많은 사람들이 우리들을 환송해 주었다. 이름을 부르는 사람도 있었고, 우는 사람도 보였다. 배 안에서도 이름을 부르는 병사가 있고, 우는 병사가 있었다.

우리들은 그들에게 손을 흔들어 주었다. 저 많은 사람들 가운데 내가 아는 사람이 하나도 없다니 기분이 씁쓸했다. 문득, 유관 어르신의 가족들이 생각났다.

나는 어제저녁에 백숙 한 마리를 얻어먹었다. 전장으로 떠난다고 어르신이 닭을 구해 오셨고, 노마님께서 입쌀밥을 구해서 차려주신 밥상이었다. 순덕 어멈은 백숙을 먹기 좋게 발라주고 고봉밥을 연신 가져왔다.

"기운이 있어야 큰일을 하는 거다. 많이 먹어라."

우물가에서 약속을 한 후로 순덕 어멈은 더 살갑게 나를 대해 주었다. 마치 새 엄마가 생긴 것만 같았다.

내가 먹는 모습을 흐뭇하게 바라보시던 노마님이 말했다.

"별일이야 있겠냐만, 꼭 살아서 돌아오너라. 알았지?"

순덕 어멈이 말했다.

"순돌이와 약속했어요. 살아 돌아오겠다고요. 순덕이 원수를 갚고 다시 돌아오겠다고 철석같이 약속했어요."

진심으로 나를 걱정하는 마음이 내 가슴으로 파고 들어오는 것 같았다. 나는 눈물을 참으며 꾸역꾸역 밥을 먹었다.

그날 밤에 순덕 어멈은 내가 입을 옷가지도 여러 벌 싸 주었다. 이틀 밤낮을 자지 않고 만든 옷이었다. 한 땀 한 땀 꿰맨 정성에 나는 가슴이 벅차서 부자가 된 것 같았다.

눈에 익은 사람이 언덕배기에서 손을 흔드는 것 같았다. 자세히 바라보니 노마님과 순덕 어멈이었다. 노마님은 언덕배기 소나무 아래에 앉아 있고 순덕 어멈은 팔짝팔짝 뛰면서 손을 흔들고 있었다. 나는 언덕배기를 향해 손을 흔들었다.

"마님, 건강하세유. 순덕 아줌니도 건강하세유."

순덕 어멈이 나를 봤는지 팔짝팔짝 뛰다가 주저앉았다.

마중 나온 사람들이 점점 멀어져 가자 나는 뱃전에 턱을 괴고 형체도 보이지 않는 언덕배기를 바라보았다. 유관 어르신과 노마님, 순덕 어멈을 떠올리니 나도 모르게 입가에 미소가 피어올랐다.

돌아갈 곳이 있다는 것은 좋은 것이다. 외톨이가 된 나는 돌아갈 곳이 없다고 생각했지만 이제는 돌아갈 곳이 생겼다.

내가 탄 배는 강을 벗어나 바다로 나왔다. 50여 척의 배가 꼬리에 꼬리를 무는 광경은 그야말로 장관이었다. 뱃전에 있던 도사공이 소리를 쳤다.

"바람이 분다. 돛을 올려라."

선군들이 부리나케 황포 돛을 올리자 부는 바람에 돛이 팽팽하게 되었다. 배가 파도를 가르며 바람처럼 나아갔다. 물결치는 망망한 바다위에 선군의 노랫소리가 아련하게 들려오고 있었다.

만경창파, 에이야디야…… 우리 배가, 에이야디야……
큰일 하러, 에에야디야…… 간다 간다, 에이야디야……
달은 밝고, 에이야디야…… 바람도 없네, 에이야디야……
바람 신님, 에이야디야…… 용왕 신님, 에이야디야……
날 좀 보소, 에이야디야…… 날 좀 보소, 에이야디야……
부는 바람, 에이야디야…… 보내 주소, 에이야디야……

큰일 한 번, 에이야디야…… 하잔 게요, 에이야디야……

우리가 탄 배는 서해를 경유하여 6월 초순에 거제 마산포(馬山浦)에 닿았다. 하지만 좌군 도절제사의 배가 도착하지 않아서 기다려야 했다. 바닷길은 육지와는 달라서 날씨가 좋

지 않거나 풍랑이 심하면 진군을 하지 못하는 단점이 있었다. 우리는 마산포에서 며칠을 보냈다.

서해는 갯벌 때문에 바닷물이 온통 흙탕물인데 남해는 물이 비취처럼 푸르고 맑았다. 바다 위로 솟은 작은 섬들도 그림처럼 예뻤다.

여기서는 날씨가 좋은 날 대마도를 볼 수도 있었다. 저렇게 가까운 섬을 왜구가 지배하도록 놔두는 이유가 무엇일까? 이곳 사람들은 여기서 대마도까지 순풍을 만나면 이틀 만에 갈 수 있다고 했다. 이틀 만에 갈 수 있는 대마도를 나라에서는 왜 지배할 수 없는 것일까? 나라에서 대마도를 지배할 수 있었다면 왜구들이 기승을 부리지 않았을 것이다. 그럼 내 가족들과 우리 동네 사람들이 몰살당하는 일도 없었을 것이다. 이번에 대마도를 정벌하면 왜구들은 힘을 쓰지 못할 것이다. 그럼, 다시는 나 같은 피해자도 생겨나지 않을 것이다.

나는 맑은 날이면 언덕 위에서 먼 바다를 바라보며 출정할 날만을 손꼽아 기다렸다.

6월 16일, 마침내 기다리던 좌군 도절제사 유습의 배가 거제 마산포에 닿았다. 좌도에서 수백 척의 배가 들어오면서 마산포 앞바다는 병선들로 가득하였다. 인근에 정박 중인 병선을 합하면 대마도로 출전할 병선의 숫자가 무려 2백 27척이나 된다고 했다.

마침내, 출정의 시간이 정해졌다. 6월 17일 아침 묘시(오전 5-7시)에 출발하기로 결정이 내려졌다. 그러나 세상일은 마음대로 되는 것이 아니었다.

 다음날 아침부터 바람이 불고 날씨가 어두침침하였다. 파도가 높아서 노련한 도사공들도 배를 몰고 나가는 것을 반대하였다. 하지만 군령이 지엄하여 모든 배들은 마산포에 집결할 수밖에 없었다.

 병선 200여 척이 포구에 모이자 그 장관은 이루 말할 수 없었다.

 선두에 있는 대장선에서 북소리가 울렸다.

 둥---둥---둥----

 전고 소리와 함께 병선의 좌우에서 커다란 노가 지네 다리처럼 움직였다.

 수십 개의 노가 바닷물을 밀치자 병선이 힘차게 나아갔다. 중군의 배가 앞장서 나가고 그 뒤를 따라 높은 장수들이 탄 층각선이 작은 배의 호위를 받으며 나아갔다. 그 뒤로 좌군과 우군의 배들이 대열을 맞추어 나아가니 바다가 온통 병선으로 까맣게 물이 든 것 같았다.

 배가 물결을 가르며 마산포 앞바다로 나갔을 때였다. 검은 구름이 자욱하게 몰려들더니 갑자기 바람이 심하게 불었다. 마파람이 몰고 온 높은 파도를 맞은 판옥선이 아래위로 크게 흔들렸다.

두둥--두둥---두둥---

북소리가 두 번씩 울렸다.

배를 몰던 도사공이 북소리를 듣더니 크게 소리쳤다.

"배를 돌려라. 포구로 회항한다."

앞서 가던 중군의 배가 선회하는 것이 보였다. 대마도로 진격하던 배들이 모두 방향을 바꾸기 시작했다.

"갑자기 회항하는 이유가 뭔가유?"

"그거야 알 수 없지. 대장 마음 아니겠니?"

포구에 돌아와서야 배가 회항한 이유를 들을 수 있었다. 선봉으로 나가던 박실 장군의 배에 걸려 있던 깃대가 바람을 이기지 못하고 부러졌다고 했다. 출정하는 날, 깃대가 부러지는 것은 좋은 징조가 아니기 때문에 부득이 회항한 것이었다.

엎친 데 덮친 격으로 굵은 빗줄기가 떨어졌다. 습기가 가득한 바닷가에서 주적주적 떨어지는 빗줄기에 풀이 죽은 듯 쳐져 있는 군기가 더욱 처량해 보였다.

"이렇게 눅눅하면 화약이 제 성능을 발휘하지 못하는데……."

화포장인 고 서방 아저씨가 투덜거리다가 선실 구석에 쪼그려 앉아 있는 어린 군졸에게 말을 걸었다.

"네 이름은 뭐냐?"

"기동이라고 합니더."

얼굴이 동글동글하고 낯빛이 희고 눈이 반짝거리는 소년이 고개를 들었다.

"몇 살이냐?"

"열다섯입니더."

"열다섯? 그럼 순돌이 하고 같은 나이네."

고 서방 아저씨가 나를 힐끔 보더니 기동이라는 소년에게 다시 물었다.

"나이도 어린데 너도 자원하였느냐?"

"예."

"무슨 사연으로?"

"누이가 작년에 왜구들에게 잡혀갔십니더. 아버지는 왜구의 칼에 돌아가시고, 어머니는 화병을 앓다가……."

소년이 말끝을 흐리다가 손등으로 눈가를 닦았다.

고 서방 아저씨가 혀를 차며 말했다.

"우리 순돌이도 왜구들에게 부모 형제를 잃었는데, 동병

상련이라고 너도 순돌이처럼 복수하러 가는 게냐?"

기동이가 고개를 내저으며 말했다.

"얼마 전에 내이포에서 대마도로 가는 군사로 자원하고 기다릴 때에 왜인에게 들었는데, 누이가 대마도주 도도웅와의 집에서 심부름을 하고 있다고 했십니더. 지는 누이를 구하러 갑니더."

"너는 일가붙이(한집안에 속하는 겨레붙이)를 구하러 가는 길이로구나. 이번에 네 누이를 데려올 수도 있겠구나."

"예."

"내가 듣기로는 왜놈들이 조선 여자들을 잡아다가 대마도에서 살기도 하고, 중국이나 외국에 팔기도 한다더라. 왜놈이 널 놀리려고 한 것인지도 모르니 너무 기대는 말거라."

기동이가 힘없는 얼굴로 고개를 숙였다.

"화포장님, 너무하세유."

내가 끼어들었다.

"실망할까 그런 거다. 세상일이 뜻대로 되는 줄 아느냐?"

고 서방 아저씨가 이번에는 선실 앞에 쭈그려 앉은 중늙은이에게 물었다.

"거긴 나이도 있으신데 뭣 하러 가시는 거요?"

중늙은이가 길게 한숨을 내쉬며 말했다.

"알아 뭐하려구?"

"궁금하니까 물어보는 거 아노?"

"왜놈들이 내 자식들과 며느리와 손자까지 몽땅 죽였소. 아직 돌도 안 된 어린 손자가 무슨 죄가 있다구……. 이놈들이 내 손자를 창끝에 꿰어 죽였어."

중늙은이가 소매로 눈물을 닦더니 몇 개 남지 않은 이를 갈았다. 늙은이의 눈이 무섭게 번득였다.

"난 이제 낙이 없어. 어차피 한 번 죽을 몸, 왜구들에게 복수나 하려고 자원했지."

"올해 연세가 몇이오?"

"그건 알아 뭐하게?"

"그 연세로 바다나 건너겠소?"

"이 자식아, 이래 뵈도 평생을 바다에서 살았다. 너 같은 건 한주먹이면 돼."

중늙은이가 소매를 걷으며 당장이라도 달려들 것처럼 말했다.

"어이구, 내가 잘못했소. 그 힘 놔뒀다가 철천지원수인 왜구들에게나 쓰시구려."

제비꼬리 수염을 삐쭉거리는 익살스런 화포장의 모습에 사람들이 '와' 하고 웃었다. 웃음이 잦아들기를 기다렸다가 고 서방 아저씨에게 물어보았다.

"화포장님, 언제 대마도에 갈 수 있을까요?"

"갈 때 되면 가겠지. 내가 배를 모는 사람도 아닌데 어찌 알겠느냐?

중늙은이가 코웃음을 치며 말했다.

"오늘은 파도가 심하고 또 마파람까지 불어서 할 수 없이 되돌아왔지만 바람이 잦아들면 출항할 수 있을 테지. 날씨가 좋으면 예서 거기까진 이틀 거리니 금방이라 할 수 있지. 풍랑을 맞아 몰살을 당하는 것보단 나으니 서둘 건 없어."

고 서방 아저씨가 중늙은이에게 말했다.

"그건 그렇고, 깃대가 부러지면 안 좋다던데……."

"길조는 아니지."

중늙은이가 입맛을 쩝쩝 다셨다.

깃대 부러진 이야기만 나오면 분위기가 무거워졌다. 벌써 군중에는 이번 전쟁에 패배할 것이라는 소문이 나돌고 있었다. 나는 가슴이 답답해서 슬그머니 바깥으로 나왔다. 파도는 높지 않았지만 우중충한 하늘은 금방이라도 큰비를 뿌릴 것 같았다.

"순돌이라 했제?"

몸을 돌리니 기동이라는 소년이 서 있었다.

"난 기동이라고 한데이. 니도 나처럼 왜구들에게 원한이 많다고 들었는데 참말이가?"

"응, 나는 부모님과 두 동생을 잃었구먼."

기동이가 다가와 일렁이는 바다를 내려다보며 말했다.

"난 이번에 반드시 누이를 구하고 말꺼데이."

"꼭 구하게 되었으면 좋겠구먼."

"무섭지 않나?"

"죽는 거 말이여?"

"응."

"무섭지. 그렇지만 나는 꼭 대마도 땅을 밟아야 혀. 그래서 왜구들의 소굴을 모조리 쑥대밭으로 만들거여. 그것이 부모님과 동생들에 대한 복수니께 말이여."

기동이가 미소를 지으며 손을 내밀었다.

"우리 나이도 같은데 친구하는 게 어떻노?"

"친구? 좋지."

나는 손을 뻗어서 기동이의 손을 잡았다.

"순돌아, 우리 함께 왜구를 무찌르자. 그래서 다시는 왜구가 이 땅을 넘보지 못하게 하자."

"응."

우리는 손을 굳게 잡고 까마득한 수평선을 바라보았다.

다음날, 마산 포구에 때 아닌 용왕굿이 열렸다. 깃대가 부러진 후로 사람들이 불안에 휩싸여 있었기 때문이다. 전쟁에서 패배한다는 불안감은 점점 확산되었고, 결국 높으신 분들이 소문을 진정시키기 위해 굿판을 마련한 것이다.

이날 아침부터 바다가 잘 보이는 포구 앞에 큰 차일을 씌우고 상을 마련하였다. 소 한 마리를 통째로 잡고 떡과 어물, 술과 안주로 용왕상이 차려졌다.

차일 뒤편에 삼군 도통제사와 삼도 도체찰사가 제장들과 자리하고 그 뒤편에 장교들과 병사들이 웅긋쭝긋 섰다. 색동옷을 입은 늙은 무당의 수신호를 시작으로 용왕굿이 시작되었다. 기대가 장구를 울리고, 잡이가 제금을 치고, 전악들이 피리 불고 해금을 켜니, 붉은 전립을 쓰고 오색 도포를 입은 무당이 대나무 하나를 들고 춤을 추다가 혼잣말을 하였다. 그러다가 무당이 별안간 대나무를 들고서 껑충껑충 뛰며 소리를 하였다. 이것이 이른바 부정굿이니 무당이 한동안 춤을

추며 소리를 하다가 부정을 푼다고 잿물 바가지를 들고 사방으로 돌아다니다가 백지를 태우고 소금을 사방에 뿌렸다.

　부정풀이가 끝나자 무당이 용왕에게 술잔을 올린 후 잠깐 쉬다가 다시금 굿이 시작되었다.

　기대가 전악의 풍류에 맞춰 가망 노래를 부르니 무당이 언월도와 삼지창을 들고 색동옷 소매를 휘날리며 껑충껑충 춤을 추었다. 한동안 미친 듯이 춤을 추던 무당이 이번에는 방울을 들고 흔들면서 신들린 듯한 소리를 하였다.

　잇달아 배의 주인 신과 각시 선왕과 애기 선왕, 처녀 선왕, 동자 선왕 등을 달래는 선왕굿이 이어지고 굿 마당에 동참한 사람들을 신에게 축원하는 축원굿이 이어졌다. 다음으로 고기잡이 갔다가 돌아오지 못한 수중고혼들과 왜구들에게 불쌍하게 죽은 사람들의 넋을 달래는 해원굿이 이어졌다.

넋이로다 넋이로다 이 넋이 뉘 넋이냐
나오시오 나오시오 어서 어서 나오시오
질베 잡고 손길 잡고 어서 가자 나오시오
죄 없는 망자들아 한 많은 망자들아
너희 원혼 달래 주러 군사들이 가는 길에

나오시오 나오시오 어서 나와 도와주오

피 맺히고 한 맺힌 것 군사들이 풀러갈 새

어서 가자 나오시오 어서 나와 도와주오

군사들 가운데 굿을 보다가 우는 사람들이 적지 않았다.

무당의 소리는 애절하고 구슬프기 그지없어서 노래를 듣다보면 죽은 부모님과 동생들 생각이 절로 났다. 이제는 다시 볼 수 없는 예전의 기억들을 떠올리니 가슴이 울컥하여 눈물이 저절로 나왔다.

내가 소매로 눈물을 훔치고 있을 때, 옆에 있는 기동이도 누이 생각이 나는지 고개를 숙여 울고, 중늙은이는 창끝에 죽은 어린 손자를 생각하는지 마른 손등으로 눈가를 비비고 있었다.

굿이 끝나자 무당이 마지막으로 작은 배에 종이꽃을 가득 실어서 바다에 띄워 보냈다. 모셔온 신령을 제자리에 모시고 액을 꽃배에 실어 바다에 띄우면서 액막이 하는 뒷풀이 굿이었다.

어허라 액이야 어허라 액이로구나

이 액 저 액 소멸하고 국태민안하여 보세

어허라 액이야 어허라 액이로구나…….

　무당이 홍철릭에 도홍띠를 눌러쓰고 바다를 바라보며 소리를 하는 사이에 불이 붙은 꽃배가 해안에서 차차 멀어져 갔다.

　나는 멀어져 가는 꽃배를 향해 두 손을 모아 빌었다. 돌아가신 부모님과 동생들이 저 세상에서 편안하게 살 수 있도록 빌었다. 순덕이 성님도 극락에 가도록 빌었다.

　다음날이었다. 용왕굿이 효험을 보았던지 거짓말처럼 비가 멈추고 바다가 잠잠해졌다. 흉흉하던 불안감도 가라앉았다. 이날, 묘시에 다시금 정벌군의 배가 출정을 개시하였다.

대마도 정벌

 군선들이 대마도에 도착하기에 앞서 좌군 절제사 박실과 박초가 여러 편장들과 함께 10척의 병선에 나누어 타고 대마도를 향해 출진하였다.
 배가 작은 어선을 쫓아 포구로 들어갈 때에 큰 왜선 한 척이 어선들을 이끌고 다가오고 있었다.
 둥-둥-둥-
 북소리가 일어나자 아군의 선창에서 화살이 비 오 듯 날아갔다. 갑판에 있던 왜적들이 화살에 맞아 비명을 지르며 바다로 떨어지고 한 무리는 화살을 피하여 선실 안으로 숨어들었다.

"갈고리를 던져라."

아군의 배에서 갈고리가 날아가 난간과 이물에 걸렸다. 아군의 배가 적군의 배에 가까이 다가서자 장수들이 왜적들의 배로 뛰어들었다. 병사들이 뒤를 따라 배 위로 뛰어올라 한바탕 싸움이 벌어졌다.

잠시 후, 왜적들이 바닷물 속으로 뛰어드는 모습이 보였다.

"와아아아아."

배 위에서 환호성이 절로 나왔다.

접전한 배에 가까이 있던 아군의 배에서 장병겸이 바다로 떨어졌다. 갑판 위에 있던 선군들이 바다에 떨어진 왜적들을 잡기 위해 던진 것이다. 장병겸은 날이 선 커다란 낫인데 헤엄을 치고 있는 왜적의 등판을 무참하게 찍었다.

선군들이 장병겸에 연결된 쇠사슬을 당겨 왜적을 갑판 위로 끌어올려서 목을 치는 동안 작은 어선을 쫓던 8척의 배가 포구에 닿았다.

병선에서 내린 병사들이 쏟아져 나가 작은 바닷가 포구를 휩쓸었다. 바닷가에 다닥다닥 조가비처럼 붙어 있는 집 위로 허연 연기가 피어오르더니 잠시 후 붉은 불길이 치솟았다. 바위에 부딪히는 파도 소리가 어지러운 비명 소리와 뒤섞여 들려왔다.

나는 기분이 이상했다. 부모님과 동생들의 복수를 위해 왜구들을 모조리 죽이겠노라 다짐하였는데, 왜구들을 죽여야 가슴에 맺힌 한이 풀릴 것만 같았는데, 막상 왜적들이 죽어 가고 집이 불타는 것을 보니 통쾌한 기분이 들지 않았다.

돛대 앞에 기동이가 창백한 얼굴로 멀뚱멀뚱 서 있었다. 비위가 약한 기동이는 왜적들의 목이 잘리는 것을 보고 뱃전에서 토했다.

"기동아, 괜찮은겨?"

내가 등을 두드려 주자 기동이는 고개를 좌우로 흔들었다. 옆에 있던 중늙은이가 혀를 차며 말했다.

"쯧쯧쯧. 마음을 단단히 먹어야 해. 우리가 저놈들에게 죄 없이 당한 것이 수백 년이 넘었어. 그동안 얼마나 많은 사람들이 저놈들의 칼끝에 희생되었냐? 돌도 안 된 내 손자가 저놈들의 창끝에 매달려 죽어 가던 것을 생각하면 아직도 이가 갈린단 말이다. 우리가 무슨 죄를 지었냐? 똑같은 것이지. 이놈들은 죄 값을 치르는 것 뿐이야. 마음이 약해져서는 안 돼. 마음이 약해져서는 똑같은 일이 반복될 뿐이야. 네가 무엇 때문에 자원했는지 떠올리란 말이다. 이놈들은 네 가

족의 원수들이야. 원수를 동정할 게냐?"

중늙은이가 가래침을 바다에 뱉더니 뒷짐을 지고 어기적어기적 선실 안으로 들어갔다. 고개를 들어 하늘을 바라보니 수평선에 해가 떨어지는 듯 붉은 노을이 가득하였다. 피비린내를 맡은 갈가마귀들과 갈매기들이 빙글빙글 뱃전을 선회하고 있었다.

'원수를 갚는 것뿐이야.'

나는 오랫동안 이날을 기다려 왔다. 하지만 왜구들의 죽음 앞에서 알 수 없는 기분이 들었다. 왜 사람들은 서로 죽고 죽여야만 하는 것일까? 서로가 행복하게 살아갈 수는 없는 것일까?

6월 20일, 첫 번째 전투인 악포의 승전으로 자신감을 얻어서 다음날 두지포를 치기로 결정되었다. 대마도는 상도와 하도로 나뉘어 있었는데 두지포는 상도와 하도의 가운데에 위치해 있어서 거친 풍랑에도 안전하게 대처할 수 있는 곳이었다.

이틀 동안 바다에서 보낸 터라 바다에 익숙지 못한 군사들을 위해서도 두지포는 반드시 필요한 거점이었다.

이날은 우군이 공을 세우기 위해 먼저 두지포로 출정하였다. 내가 탄 배도 우군과 함께 출정하였다. 작은 배들이 즐비하게 들어선 두지 포구에는 왜적들이 새까맣게 모여서 술과 고기를 준비하고 기다리고 있었다. 우리를 달래려고 준비한 모양이었다.

우군 도절제사 이지실 장군이 지휘봉을 들고 소리쳤다.

"우리가 놀러 온 줄 아는 모양이구나. 분위기 파악도 못 하는 놈들에게 화포나 한 대 먹여 주거라."

명을 받은 화포장 고 서방이 화포를 포구에 모인 왜적들에게 겨눈 후에 화포 안으로 화약을 넣자 화포 병들이 긴 자루로 화약을 눌러 다진 후에 수박 같은 탄환을 집어넣었다.

고 서방 아저씨는 화포에 심지를 꽂은 후 거리를 가늠하다가 횃불을 들어 심지에 붙였다.

지지지직------

심지에서 불꽃이 일어났다. 불꽃이 심지를 따라 타들어 가다가 화포의 구멍 안으로 들어갔다.

쾅-----

우레 같은 소리와 함께 포구에 묶여 있던 어선 한 척이 산산조각이 났다. 자욱한 화약 연기 사이로 놀란 왜적들이 비명을 지르며 흩어지는 모습이 보였다.

"으라차차, 명중일세."

고 서방이 주먹을 불끈 쥐며 좋아하였다.

"역시 화포의 위력은 대단하군."

이지실 장군이 껄껄 웃다가 고개를 돌려서 소리쳤다.

"포구에 배를 대라."

명령이 떨어지자 전고가 울리며 병선 10여 척이 일제히 포구에 배를 대었다. 수군들이 병선에서 쏟아져 나왔다.

"왜구들이다."

누군가가 외치는 소리에 고개를 돌려보니 마을로 흩어졌던 왜적들이 하나둘 포구 앞으로 모습을 드러냈다. 시퍼런 왜도를 들고 서슬 푸른 얼굴로 중얼거리던 왜적들이 창과 칼을 들고 하나둘 모여들었다. 왜적들의 숫자가 50명은 될 듯싶었다.

무기를 든 왜적들이 다가오자 기세등등하게 포구에 내린 병사들이 일시에 술렁거리며 뒷걸음질을 쳤다. 왜적들이 단병접전(칼이나 창 따위의 단병으로 적과 직접 맞부딪쳐 싸움. 또는 그런 전투)에 강하다는 것을 아는 병사들이 싸움도 하기 전에 겁을 집어먹은 것이다.

"화차를 준비하라."

사수장인 박영충이 소리쳤다. 박영충은 임금님 앞에서 활을 쏴서 상으로 활과 화살까지 받았다는 무관이었다. 사수장은 화차장보다 높은 위치에 있었다. 화차를 사용하는데 활을 쏘는 사수들의 도움이 필요하기 때문이었다. 화차를 맡은 우리들은 얼른 수레를 포구로 끌고 나왔다.

화차장이 소리쳤다.

"이놈들아, 얼른 화차에 철령전을 장전하거라."

우리들이 화차 안에 있는 작은 화포에 철령전을 장전하는 사이에 박영충이 사수들을 이끌고 앞으로 나섰다.

"활을 든 사수들은 나서라."

사수들이 박영충의 뒤편에 도열하자 포구로 다가오던 왜적들이 칼을 들고 소리를 지르며 달려 나왔다. 박 사수장이 화살을 뽑아들어 가장 앞서 달려오는 왜적을 향해 쏘았다.

퉁---

시위가 울리며 앞서 달리던 왜적의 입안으로 화살이 빨려 들어갔다. 왜적이 화살에 꿰어 벌러덩 쓰러지자 달려오던 기세가 일시 멈추었다.

"이야야야야---"

그 중에 용감한 왜적 하나가 칼을 치켜들고 달려들었다.

슈슝-----

박영충이 명령을 내리지도 않았는데 뒤편에 서 있던 사수들이 일제히 화살을 쏘았다. 화살이 박혀 고슴도치가 된 왜적이 맥없이 쓰러졌다.

와아아아-----

시위에 화살이 없는 것을 보고 왜적들이 함성을 지르며 달려들었다.

"명령을 내리지 않았는데 쏘면 어떡하느냐?"

박영충이 미간을 찡그리며 사수들을 질책하였다. 화살을 시위에 끼우고 당겨 조준하는 데에는 시간이 걸렸다. 왜적들이 이를 알고 있었기에 기회를 놓치지 않으려는 것이다. 사수들이 허둥지둥 화살을 시위에 끼우려 하나 손이 말을 듣지 않는지 화살을 바닥에 떨어뜨리는 자도 있었다.

박영충은 침착하게 화살을 한 아름 꺼내 입에 물고 그중 하나를 시위에 꽂아 앞서 달려오는 왜적을 향해 쏘았다.

화살 하나가 왜적의 이마에 박혔다. 박영충이 재빨리 물고 있던 화살을 시위에 끼워 달려오는 왜적을 향해 쏘았다. 가슴에 활을 맞은 왜적이 앞으로 꼬꾸라졌다. 또 하나를 시위에 걸어서 쏘니 이번에도 가슴에 맞고 주저앉았다. 50보거리까지 달려온 왜적들이 겁을 먹었는지 소리를 지르며 마을로 도망을 쳤다. 나는 머리털 나고 저렇게 활을 잘 쏘는 사람을 처음 보았다. 왠지 안심이 되었다. 박영충이 이마에 송골송골 맺힌 땀을 닦으며 사수들에게 소리쳤다.

"내 명령 없이는 화살을 쏘지 마라."

"예."

박영충은 사수들의 대열을 정해 주고 싸움이 일어났을 때 할 일을 말해 주었다. 사수들은 군말 없이 명에 따라 이열 횡대로 서서 싸움에 대비하였다. 그때 마을로 흩어졌던 왜적들이 다시 모여 들었다. 그런데 이번에는 문짝을 방패 삼아 서서히 다가오고 있었다.

박영충이 고개를 돌려 화차장에게 소리쳤다.

"화차는 어떻게 되었나?"

"준비되었습니다."

나는 얼른 수레를 끌어 길 가운데에 화차를 놓고 물러섰다. 횃불을 든 화차장이 박영충에게 말했다.

"나리, 화차를 쏘게 되면 뒤바람에 크게 다칠 수 있으니 병사들을 뒤편으로 물리십시오."

"알겠네."

박영충이 병사들을 뒤편으로 물러나게 하였다.

사수들이 물러나자 왜적들이 힘을 얻었는지 방패를 앞세워서 달려들었다. 왜적들이 20보 앞에 다다랐을 때 화차장이 횃불을 당겼다.

"나리, 물러나시죠."

우리가 물러서는 사이에 왜적들이 물밀 듯이 달려들었다.

문짝을 든 왜적들이 어느새 10여 보 앞까지 다가왔다. 도망치다가 고개를 돌려보니 하나의 도화선이 여러 개로 갈라지는 것이 보였다. 나는 귀를 막았다. 도화선을 타고 가던 불꽃이 쇠 통의 뒤쪽에서 붉은빛을 일으켰다.

콰콰콰콰쾅-------

벼락 치는 소리가 일어나며 화차 주변에 붉은 불꽃이 어지럽게 튀었다. 시커먼 화약 연기 사이에서 처절한 비명 소리가 들려왔다. 이내 비명 소리가 잦아들고 코끝을 찌르는 화약 냄새와 시커먼 연기가 화차 주변을 가득 메웠다.

바닷바람이 연기를 바다로 몰아내었다. 화차 앞의 광경은 처참하였다. 왜적들은 형체를 알아볼 수 없을 정도로 피투성이가 되어 뒹굴고 있었다. 방패로 사용한 문짝은 철령전에 산산이 부서졌고, 기세 좋던 왜적들은 시체가 되었거나 부상을 입고 살려 달라고 목숨을 구걸하였다.

이날 병사들이 두지포를 샅샅이 수색하여 식량과 재산을 압수하고, 중국과 조선에서 끌려온 사람들을 구하는 한편 집과 배를 태워 불바다로 만들어 버렸다.

대장군 이종무는 왜구들의 근거지인 대마도를 파괴하라는 명을 내렸다. 대마도는 농사지을 땅은 적고 왜구의 숫자가 많아서 도적질로 생계를 유지하고 있었다. 집이나 전지 등을 파괴하면 왜구들도 살 수 없을 것이니 본국으로 돌아갈 것이고, 왜구들의 숫자가 줄어들면 그만큼 도적들의 숫자가 줄어들 것이라는 계산이었다.

대장군의 명을 받은 아홉 절제사들은 군사를 거느리고 다음날 아침에 두지포에서 흩어져서 왜구들의 근거지를 파괴하기 시작하였다.

대마도의 포구마다 조선 군사들이 들이닥쳤다. 왜적들이 많이 사는 큰 포구에는 화포와 화차가 들어가고 작은 포구에는 화살을 장전한 대군이 들어갔다. 왜적들이 단병접전에 강하더라도 신무기와 많은 수의 아군을 당해 낼 길이 없어서 추풍낙엽처럼 토벌되었다.

이날 하루에 군사들이 포구에 정박하고 있는 왜적들의 작은 배 1백 29척을 빼앗아, 그 중에 쓸 만한 것 20척은 남겨 두고 불살라 버렸다. 또 적의 집 1천 9백 39채를 불사르고, 반항하는 왜구들은 목을 잘랐으며, 21명은 사로잡았다. 논과 밭에 자라고 있는 곡식을 베어 버렸고, 포로로 끌려온 중국인 남녀 1백 31명을 데려왔다.

대마도 왜적의 우두머리인 도도웅와는 대마도가 토벌될 때에 산성으로 도망쳐 버렸다. 그곳은 험준한 지형에 의지한 산성이어서 화포를 쓸 수도 없고, 화차가 올라갈 수도 없었다.

대장군 이종무는 산성으로 올라간 도도웅와에게 항복을 권유하는 문서를 보내는 한편 토벌을 계속하였다.

토벌군들은 흩어져서 왜구들을 이 잡듯이 뒤져서 집 68채와 적선 15척을 불사르고, 저항하는 왜적 9명을 베고, 중국인 15명과 우리나라 사람 8명을 구해 왔다.

기동이는 누이를 찾기 위해 백방으로 수소문하였지만 찾을 수가 없었다. 구출된 사람 하나가 기동이 누이와 비슷하게 생긴 여자를 도도웅와의 집에서 봤다고 알려 주었다. 아마도 기동이 누이는 도도웅와 집에서 허드렛일을 하고 있는 모양이었다.

기동이는 어두운 얼굴로 뱃전에 서서 망망한 바다를 우두커니 바라보곤 했는데, 하루는 밝은 얼굴로 나에게 다가왔다.

"기동아, 무슨 좋은 일이라고 있는겨?"

"순돌아, 내일 도도웅와를 치러 간다 카더라."

"정말이여?"

"진짜다. 이제 우리 누이를 만날 수 있다."

기동이의 장담처럼 다음날, 두지포의 병선들이 떼를 지어 남쪽으로 내려가기 시작했다. 도도웅와가 숨어 있는 금전성을 치기 위해서였다.

기동이는 금방이라도 누이를 만날 것처럼 좋아하였다. 하지만 이곳은 바위가 많은 해안가라 배를 대기가 어려웠다. 더구나 파도까지 높아서 상륙하는데 어려움이 많았다. 이런 지형에는 화차와 화포를 내릴 수가 없었다.

대장선에서 오랫동안 회의가 이루어진 끝에 박실의 군대가 상륙하여 금전성을 공격하기로 결정되었다. 박실의 군대가 출전할 때 나도 자원하였다. 기동이와 함께 누이를 찾고 싶었다. 하지만 화포장 고 서방 아저씨는 나를 보내려 하지 않았다.

"이놈아, 화차병이 화차를 놔두고 어딜 간다는 거야? 어림도 없어."

"한 번만 봐 주세유. 이번 기회에 원수도 갚고 기동이도 도와주게 한 번만 눈감아 주세유."

"이놈아, 전쟁이 장난 같으냐? 남들은 안 간다고 난리인데 왜 가려고 야단이야?"

"글씨, 원수를 갚겠다는데 왜 그러세유? 한 번만 눈감아 주세유."

"모르겠다, 맘대로 하거라."

"고맙구먼유."

나는 고 서방 아저씨에게 인사를 하고는 기동이를 따랐다.

박실 장군은 해안가에서 군대를 사열한 후 편장 박홍신에게 선봉을 맡겼다. 편장 박무양과 김언, 김희에게도 각각 100명의 병력을 주어 임무를 맡긴 후에 병력을 출진시켰다.

북과 징을 크게 울리며 박홍신이 선봉대를 이끌고 진격하였다. 작은 산길 위로 기치창검(예전에 군대에서 쓰던 깃발, 창, 칼 따위를 통틀어 이르던 말)의 섬광이 번뜩이고, 북소리와 징소리가 어지럽게 울렸다.

사기는 하늘을 찌르는 듯했다. 이 병력이 쳐들어가면 도도웅왕에게 당장이라도 항복을 받을 수 있을 것만 같았다.

옆에 있던 기동이가 나를 보며 웃었다. 앞서 가던 편장 박홍신이 장검을 치켜들며 소리쳤다.

"공격하라! 적은 독 안에 든 쥐다. 쳐부숴라."

병력들이 함성을 지르며 고개 위로 뛰었다. 그러나 고개 위에 설치해 놓은 함정과 마름쇠(도둑이나 적을 막기 위해 땅에 흩어 두던 날카로운 가시가 네다섯 개 달린 쇠못), 목책 때문에 더는 나아갈 수가 없었다. 병사들은 사방으로 분산되어 가파른 벼랑을 기어오르기 시작했다.

앞장서서 벼랑을 올라가던 편장 박홍신이 화살을 맞고 벼랑에서 굴러 떨어졌다.

"와~~"

높은 곳에 있던 왜구의 진영이 환호성으로 들끓었다. 이와 동시에 숲의 좌우에서 커다란 함성 소리와 함께 왜구들이 밀물처럼 쏟아져 나왔다. 앞서 가던 병사들이 겁에 질려서 달아나기 시작했다. 도망치는 병사들 때문에 아군의 행렬은 순식간에 와해가 되었다. 뒷사람들에게 떠밀리 듯이 내려오다 보니 기동이가 보이지 않았다.

"기동아, 기동아."

사람들이 우왕좌왕 뛰어 내려가는데 아래에서 아군들이

밀려 올라왔다. 산 아래로 도망치는 아군들과 올라가는 아군들이 부딪혀 아수라장이 되었다.

독이 오른 왜구들과 겁에 질린 아군들이 뒤섞여서 보이는 대로 찌르고 닥치는 대로 베는 가운데 비명 소리는 산골짜기에 메아리쳤다.

목숨을 내던져 산성을 지키던 왜구들은 악귀처럼 달려들었다. 피투성이가 되어 죽어 가는 왜구들도 최후까지 아군들과 싸웠다. 왜구들의 저항에 아군들이 하나둘 도망하기 시작했다. 처음의 기세는 간 곳이 없었다. 병사들은 하나뿐인 목숨을 지키기 위해 고개 아래로 달아났다. 나도 그 중의 하나였다. 나는 죽기 싫었다.

"사람 살려."

"살려 줘."

비명 소리가 등 뒤에서 들려왔다. 한참을 달려가다 보니 기동이가 보였다.

"기동아."

기동이 옆에서 같이 달렸다.

눈앞에 창을 들고 절룩거리며 다가오는 중늙은이가 보였다.

"어서 달려라. 어서."

손자의 복수를 하겠다던 중늙은이가 창을 들고 손짓을 하였다. 나는 중늙은이 앞에 멈췄다.

"같이 가유."

중늙은이가 고개를 저으며 말했다.

"도망쳐 봐야 걸음이 늦어서 따라잡힐 거야. 난 살만큼 살았으니 어서 도망가거라."

"그러지 말고 함께 가유."

"아냐. 난 벌써 왜구를 10명이나 죽였는걸? 충분히 원수를 갚았으니 죽는 것도 두렵지 않아. 내가 막을 테니 어서 도망가거라."

중늙은이가 창을 들고 왜구들을 향해 절룩거리며 달려갔다. 커다란 창을 휘두르던 중늙은이의 등짝으로 칼날이 튀어나왔다. 중늙은이의 가슴을 찌른 왜구가 칼날을 빼자 중늙은이가 허물어지듯 쓰러졌다. 바닥에 쓰러진 중늙은이가 왜구의 다리를 부여잡고 소리쳤다.

"어서 도망가거라."

나는 곧장 몸을 돌려 기동이의 손을 잡고 달렸다. 기동이는 울고 있었다. 수많은 죽음들을 목격한 충격 때문일 것이다. 나도 비인에서 부모님과 마을 사람들이 화를 당할 때 저렇게 울었다. 무섭고 슬퍼서 나도 모르게 울었다. 그러고 보니 중늙은이의 이름도 물어보지 못했다.

　머지않은 곳에 솔숲이 보였다. 저 솔숲을 지나면 아군의 배가 있는 곳이다. 그러나 기쁜 마음도 잠시였다. 갑자기 솔숲 앞에서 칼을 든 왜구들이 튀어나왔다. 나는 얼른 기동이를 옆으로 밀어내고 들고 있는 창을 겨누었다. 왜구가 칼을 휘두르며 달려들자 무서운 마음에 두 눈을 질끈 감았다. 그 순간이었다.

　퍽ㅡㅡㅡ

　달려오던 왜구가 허수아비처럼 쓰러졌다. 왜구 뒤통수에 화살이 박혀 있었다. 바로 뒤에서 괴상한 소리가 들려왔다. 고개를 돌려보니 머리를 반달 모양으로 밀어내고 아랫도리만 천으로 가린 왜적이 시뻘건 피가 묻은 창을 들고 달려왔다. 나는 숨이 멎는 것 같았다. 짧은 순간, 아버지와 어머니, 두 동생들, 유관 어르신과 노부인, 살아왔던 순간들이 빠르게 스쳐 지나갔다.

　퍽ㅡㅡ

　창을 들고 달려오던 왜구의 얼굴에 화살이 꽂혔다. 왜구가 썩은 나무처럼 쓰러졌다. 고개를 돌려 보니 솔숲에서 활을 든 관군 하나가 무심하게 전통에서 화살을 뽑아 시위에 걸고 있었다. 사수장 박영충이었다.

"이 녀석아, 넌 화차병이지 보병이 아니다. 내가 너를 구하러 여기까지 와야겠느냐?"

박영충이 연달아 화살을 쏠 때마다 달려들던 왜구들이 하나씩 쓰러졌다.

솔숲에서 군사들이 쏟아져 나왔다. 우군에서 원군을 나온 모양이었다. 왜구들이 처음의 기세를 잃고 산속으로 달아나기 시작하였다. 그동안에도 박영충의 화살은 도망치는 왜구들의 가슴팍을 차례로 꿰뚫었다.

왜구들이 산속으로 사라진 것을 확인한 박영충이 소리쳤다.

"철수하라."

관군들이 부상한 자들과 살아남은 자들을 데리고 해안가로 나왔다. 박영충은 제일 뒤편에서 나와 함께 천천히 걸었다. 앞서 가던 기동이가 달려와서 내 손을 잡고 말했다.

"순돌아, 괜찮아?"

"괜찮여."

그때였다. 뒤편에서 "와" 하는 함성이 들려왔다. 숲으로 숨었던 왜구들이 개미 떼처럼 달려 나왔다.

"너희들은 먼저 가거라."

박영충이 활을 버리고 허리에서 칼을 꺼내 들었다. 화살이 떨어졌기 때문이었다. 나는 바닥에 떨어져 있는 칼을 집어 들고 기동이를 밀쳤다.

"기동아, 어서 도망가."

"싫어! 함께 갈 거야."

박영충이 고개를 돌리더니 무서운 눈으로 소리쳤다.

"명령이다! 두 사람 모두 가지 않으면 이 자리에서 베어 버릴 테다."

우리는 주저주저하다가 해안가를 향해 달려갔다. 우리가 간신히 배에 오르자 닻이 올라오기 시작했다.

"이봐유, 저기 사람 있어유. 시방 뭐하는 거예유."

나는 해안가에서 왜적들과 싸우고 있는 박영충을 가리켰다.

"이봐유, 배가 떠나면 박영충 나리는 죽는다구유."

사람들은 고개를 설레설레 저으며 말이 없었다.

"너무하네유, 정말 너무해유."

나는 병사가 매고 있는 활과 화살집을 빼앗아서 뛰어내렸다.

"순돌아."

기동이가 배 위에서 소리치며 바다로 뛰어내리려다가 병

사들에게 잡혔다.

"기동아, 화포장 아저씨한테 화포 쏴 달라고 해. 알았지?"

나는 활과 화살을 가지고 해안가의 큰 바위 뒤로 몸을 숨겼다. 다행히 왜구들은 박영충과 싸우느라 나를 보지 못한 모양이었다.

박영충은 두 개의 칼을 들고 왜구들과 대치하고 있었다. 박영충은 칼싸움도 잘해서 왜구들이 섣불리 달려들지 못하는 모양이었다. 바로 그때였다. 숲 속에서 백마를 탄 사람이 칼을 휘두르며 달려오는 것이 보였다. 번쩍이는 갑옷을 입고 가면을 쓴 것을 보니 왜적들의 우두머리인 것 같았다.

왜구들이 좌우로 흩어지자 백마를 탄 왜구가 박영충에게 달려들어 칼을 휘둘렀다. 박영충이 몸을 날려 칼날을 피하였다. 포위하고 있던 왜구들이 박영충을 향해 창을 찔렀다. 왜병의 창을 피하며 박영충이 팔꿈치로 왜적의 얼굴을 쳤다. 왜적의 허연 이가 옥수수처럼 허공으로 흩어지며 그 자리에 벌러덩 쓰러졌다. 박영충이 왜적의 창을 빼앗아 달려오는 왜적을 향해 던졌다.

퍽--

앞서 달리던 왜적이 창을 맞고 꼬꾸라졌다. 옆에 있던 왜적들이 박영충에게 창을 던졌다. 창 세 개가 화살처럼 박영충에게 날아들었다. 하나는 피하고 두 개는 칼을 휘둘러 막았다. 임금님께 상을 받을 만큼 박영충은 무예 실력이 탁월했다.

말을 돌린 왜적이 다시 박영충을 향해 달려들었다. 박영충이 바닥에 꽂혀 있는 창을 들고 백마를 향해 던졌다. 창이 번개처럼 날아가 백마의 목에 꽂혔다. 백마가 발버둥을 치며 쓰러지자 말에 탄 왜적이 바닥으로 굴렀다. 그때였다.

쾅--

우레 같은 소리와 함께 포탄 하나가 떨어졌다. 때마침 아군의 배에서 화포를 쏘았다. 모래가 튀고 나무가 부서졌다.

"나리, 여기구먼유."

나는 얼른 박영충을 향해 손을 흔들었다. 박영충이 달려와서 내 손에 든 전통과 활을 보고는 두 눈이 휘둥그레져서 물었다.

"가지 않았느냐?"

"지를 구하러 오신 사수장님을 그냥 두고 갈 수 있어야지유. 배가 떠날 때 지 혼자 뛰어내렸구먼유."

"미련한 녀석이로구나."

"유관 어르신 말씀이 사람은 서로 돕고 사는 거래유. 그래서 사람 인(人)이라는 글자가 서로 의지하면서 있는 거래유."

나는 두 손을 사람 인 자처럼 마주하였다.

"미련하다는 말은 취소하마. 의리가 있는 녀석이구나."

"그렇지유?"

나는 어깨를 으쓱하며 웃어 보였다. 바로 그때, 왁자지껄한 소리와 함께 왜구들이 달려오고 있었다.

박영충이 화살을 받아 들더니 왜구들을 향해 쏘았다. 왜구들이 화살에 꿰어 차례로 쓰러지자 달려들 생각을 하지 않고 멀리서 활을 쏘았다. 박영충이 바위에 몸을 기대어 화살을 피하다가 내게 말했다.

"여기선 안 되겠다. 숲으로 들어가자."

우리는 숲으로 들어갔다. 박영충이 활을 쏘자 왜구들은 가까이 오지 않았다.

"추격 병이 오기 전에 어서 산속으로 들어가자. 두지포로 돌아가려면 길이 멀거야."

포로가 되다

해는 서산으로 저물어 하늘에는 무수한 별들이 총총히 얼굴을 내밀고 있었다. 작은 산허리에는 초승달이 창백한 빛을 뿌리고 있었다.

박영충과 나는 길이 없는 험난한 산을 몇 개나 넘었다. 고개 마루를 올라가다 보니 음산하게 생긴 커다란 나무 한 그루가 있었다. 큰 뿌리가 여기저기로 뻗어 나간 나무 주위에는 원추형으로 돌무더기가 쌓여 있었는데, 그 옆에 허물어진 작은 집이 하나 있었다. 나뭇가지에 걸린 수많은 천 조각과 무너져 내린 오두막의 지붕이 창백한 달빛을 받아 흐릿하게 보였다.

산마루를 지나가는 바람은 '쏴아' 하는 섬뜩한 소리를 지르고 흩어졌다. 우두커니 서 있는 나무와 오두막을 보자 등줄기가 오싹하고 섬뜩한 마음이 들었다.

"어! 신수(神樹)로구나."

박영충은 무섭지 않은 것처럼 바닥에서 돌을 집어 삼 층으로 쌓고, 침을 세 번 뱉었다.

"나리, 뭐하시는 거예유?"

"옛날 생각이 나서 해 봤지. 예부터 성황당을 지날 때는 이렇게 돌을 삼 층으로 쌓고, 침을 세 번 뱉으면 재수가 좋다고 하더라. 너도 해 보거라."

그리고 보니 조선의 성황당을 옮겨놓은 것 같았다. 마을에서 가장 오래된 나무 옆에 조그만 당집이 있는 것과 흡사하였다. 마을을 지켜주는 신목이라 생각하니 무서운 마음이 가시는 것 같았다. 대마도에서 성황당을 보게 되리라고는 상상도 못 했다.

퉤, 퉤, 퉤.

나도 신목 앞에서 침을 세 번 뱉었다.

박영충이 당집 안으로 들어갔다가 나와서 말했다.

"밤도 늦었고 더 이상 추격 병들은 없을 것 같으니 오늘은 여기서 쉬어 가자."

당집 안으로 들어가려던 나는 방 안에 귀신처럼 서 있는 무언가를 발견하였다. 너무 놀라고 무서워서 문 앞에 엉거주춤 멈추어 섰다.

박영충이 다가가서 이리저리 살피더니 말했다.

"돌부처 같구나. 이끼가 껴서 형편없는 것이 예전에는 절이었던 모양이다."

박영충이 먼지가 뽀얗게 내려앉은 바닥을 쓸더니 단정하게 앉았다.

"무서우냐?"

"아녀유. 이보다 더 한 것도 봤는데 뭐가 무섭겠어유."

나는 당집의 문 귀퉁이에 힘없이 기대어 앉았다. 정신없이 쫓겼던 하루였다. 바닥에 몸을 누이자 긴장이 풀리고 피곤이 밀려들었다.

"좀 쉬거라. 두지포를 찾아가려면 힘을 아껴야 하니 말이다."

눈을 감고 있는 박영충의 모습이 부처처럼 보였다.

"사수장님, 사람이 죽으면 어떻게 되는 걸까유?"

"……."

"저승이란 게 있는 걸까유? 극락이 정말로 있는 걸까유?"

"……."

박영충은 말이 없었다.

나는 궁금했다. 사람은 죽으면 어디로 가는지, 죽은 후의 세상이 있는지. 죽은 후의 세상이 있다면 내 가족들은 그곳에서 나를 기다리고 있을 것이다. 나는 정말 부모님과 동생들이 보고 싶다. 꿈속에서라도 볼 수 있다면 얼마나 좋을까? 눈꺼풀이 점점 무거워져 왔다.

아침 바람이 조금 차다는 생각에 잠을 깼다. 부처처럼 앉아 있던 박영충이 보이지 않았다. '혼자 떠나 버린 것일까?' 두려운 마음에 뛰어나오니 박영충이 커다란 나무 앞에 서 있었다.

"이제 일어났느냐?"

"야."

그제야 마음이 놓였다. 적지에서 혼자되는 줄 알고 간이 콩알보다 작아진 기분이었다. 박영충과 함께 있는 것만으로도 나는 안심이 되었다. 구불구불 펼쳐진 산등성 위로 노란 태양이 머리를 내밀면서 어둠을 밀어내고 있었다.

"그런데 여긴 어딘감유?"

"글쎄다. 방 안에 있는 석상은 돌부처가 아니라 박혁거세 대왕이더구나. 절간은 아닌 것 같아."

"박혁거세 대왕이 누군가유?"

"신라의 왕이다. 알에서 태어났다는 왕이지."

"신라의 왕이 여기서 뭘 하는 건가유?"

"그거야 나도 알 수 없지."

박영충이 산 아래를 가리켰다.

"연기를 보니 가까운 곳에 인가가 있는 모양이다. 시장한데 요기나 할 겸 가 보자."

"왜적들에게 쫓기면 어떡하지유?"

"굶어 죽으나 칼에 맞아 죽으나 죽는 것은 같지. 이왕이면 먹고 죽는 것이 때깔이 좋다 하니 가 보자꾸나."

박영충이 씽긋 웃다가 앞장서서 길도 없는 산길을 내려가기 시작하였다. 골이 깊은 산의 골짜기에서 하얀 연기가 몽글몽글 솟아올랐다.

꾸르르르-

배에서 요란한 소리가 났다. 어제 점심부터 굶은 탓인지 온몸에는 힘도 없었다.

숲을 지나자 무성한 대나무 숲이 나타났다. 대나무 숲 사이로 연기에 섞여 밥 냄새가 났다. 입안에서 군침이 흘러나왔다. 박영충이 가볍고 빠른 걸음으로 앞서가더니 몸을 돌려 숨으라는 손짓을 하였다. 나는 대나무 숲에 주주물러앉았다(섯던 자리에서 그냥 내려앉다는 순우리말).

박영충이 재빠르게 숲을 가로질러 뛰는 것이 보였다. 만약 박영충이 없었다면 나는 벌써 저승에서 부모님과 동생들을 만나고 있을지도 몰랐다.

어디선가 비명소리가 나더니 박영충이 뛰어왔다. 솥을 든 박영충 뒤로 왜적들이 따라오고 있었다.

"순돌아, 뛰어라."

나는 숲 속으로 달음질쳤다. 뒤를 따라오던 박영충이 앞서 달려갔다. 화살이 휙휙 날아오고, 요란한 왜적들의 고함소리가 들려왔다. 나는 죽을힘을 다해 뛰었다. 얼마나 도망쳤을까? 왜적들의 소리가 점점 멀어져 갔다.

인적이 없는 숲 속에서 박영충과 나는 밥을 먹었다. 시장이 반찬이라고 맨밥이건만 꿀맛 같았다. 밥을 먹으니 힘이 솟는 것 같았다.

"두지포로 가야할 텐데 큰일이군."

박영충이 중얼거렸다.

"그러게 말여유. 여기가 어딘지 알 수 없으니……. 이대로 왜적들을 피해 다닐 수만은 없는 노릇이잖아유."

"일단 높은 곳으로 올라가자. 두지포가 어느 방향인지 알 수 있겠지."

박영충이 앞장서서 골짜기를 향해 걸었다. 나는 말없이 뒤를 따랐다. 한나절을 올라가서 산봉우리 정상에 도착하였지만 구렁이처럼 구불구불하게 펼쳐진 산밖에 없었다.

"나리, 이제 어디로 가남유?"

"어디가 어딘지 알 수 없구나. 해안가로 가 보자."

박영충이 다시 앞장을 섰다. 따가운 햇살이 사정없이 내리쪼였다. 등선을 타고 내려오니 물소리가 들렸다. 골짜기로 내려가 물을 한 모금을 마신 후 잠시 숨을 돌리고 있으니 박영충이 말했다.

"이 물을 따라 가면 해안가가 나타나겠지? 어서 가 보자."

골짜기를 따라 얼마나 내려갔을까? 골짜기 아래에 마을이 있었다. 오밀조밀하게 만들어 놓은 논에서는 벼들이 자라고 있었고, 다닥다닥 붙은 집들이 있었다. 논과 밭이 멀쩡하고 마을이 불에 타지 않은 것으로 보아 우리 군사가 다녀가지 않은 마을 같았다. 마을을 한동안 바라보던 박영충의 얼굴이 밝아졌다.

"순돌아, 나만 믿고 따라오너라."

박영충이 앞서 내려가다가 논둑으로 들어섰다. 논일을 하던 아낙들이 박 사수장과 나를 힐끔힐끔 보다가 깜짝 놀라며 마을로 뛰어 내려갔다.

나는 겁이 나서 박영충에게 물었다.

"나리, 무모한 것 아녀유? 왜놈들이 몰려오면 어쩌려고 이러세유?"

"쥐새끼처럼 도망 다니다가 굶어 죽느니 죽든 살든 한 판으로 결정지어 보는 것도 나쁘지 않아."

나는 죽어도 좋으니 왜구에게 복수하겠다던 때가 생각나서 머리를 긁적였다. 마을로 다가가니 죽창과 농기구를 든 왜적들이 몰려나와 있었다.

박영충이 왜적들 앞에 멈추어 서서 소리쳤다.

"조무래기들은 볼 일 없다. 촌장은 없느냐?"

왜적들이 겁을 먹은 표정으로 서로의 눈치를 살피고 있었다.

"저자들이 왜 저러는 건감유?"

"싸울 수 있는 자들이 아니다."

"예? 그게 무슨 말이에유?"

"대부분 발에 진흙이 마르지 않은 자들이 아니냐. 나이도 많고, 여자들도 섞여 있고, 더구나 죽창과 농기구를 든 것으로 보아 농사짓는 자들이다."

다시 보니 과연 그러하였다. 짧은 순간, 그런 점까지 보다 니 박영충은 뭔가 다른 사람 같았다. 그때, 무리가 갈라지면서 건장한 왜인들이 나타났다.

그 왜인은 화려한 비단옷을 입고 있었는데 허리에 검푸른 장검 두 개와 작은 단도 한 개를 차고 있었다. 다른 왜적들 보다 키가 크고 눈매가 매서웠는데 한 눈에도 신분이 높다는 것을 짐작할 수 있었다. 박영충이 큰소리로 물었다.

"너희들 중에 조선말을 할 줄 아는 자가 있느냐?"

"제가 할 줄 압니다."

왜소한 중년 사내가 몸을 굽히며 다가왔다.

"여기가 어디냐?"

"여기는 구다무라입니다."

"구다무라? 네가 조선 사람이냐?"

"아닙니다. 저는 겐조라고 하는데 죽은 아내가 조선 사람이라 어렵지 않게 말을 배웠습니다."

"우리는 조선의 군인들인데 두지포로 가려한다. 두지포로 가려면 어떻게 해야 하느냐?"

"두지포는 이곳에서 배를 타고 이틀이나 가야 합니다."

"뭐? 이틀이나 걸린다고?"

"이 섬의 반대편에 있는 곳이라 그렇습니다."

"뒤에 있는 이는 네 주인이냐?"

"예."

"어떤 방법이라도 좋으니 너희 주인에게 우리를 두지포에 데려 달라고 말해다오. 무사히 도착하면 큰상을 내릴 것이라고 전해다오."

겐조가 젊은 무사에게 무어라 말하였다. 젊은 무사가 말을 하자 겐조가 말을 받았다.

"잘 오셨습니다. 저는 히라타로라 하는데 아비류 가의 사람입니다. 저희 먼 선조는 신라 사람으로 고려에서 관직을 받았고 조선에 후한 은덕을 입고 있으니 당연히 도와드려야지요."

히라타로가 우리를 안내하였다. 오밀조밀한 작은 집들을 지나 얼마쯤 가니 마을 가운데 큰 저택이 나타났다. 대문에 걸린 현판에는 신라 장원이라고 쓰여 있었다.

"어제는 박혁거세를 보더니 오늘은 신라 장원을 보는구나. 우리 운수가 나쁘지는 않은 모양이다."

박영충이 이렇게 말을 건네며 웃었다. 하지만 나는 안심이 되지 않았다.

히라타로가 안내하는 대로 넓은 마당을 지나 중문을 들어서니 큰 정원이 나타났다. 정원 한가운데에는 연못이 있고 기암괴석들이 주위를 둘러싸고 있었다.

기와집 안에서 중년의 사내가 걸어 나왔다. 그 역시 화려한 비단옷을 입고 칼을 세 개나 찬 것으로 보아 장원의 주인인 것 같았다. 히라타로가 재빨리 다가가 그 사내에게 인사를 하더니 이야기를 나누었다.

사내가 웃는 얼굴로 다가와 말했다.

"어서 오십시오. 저는 히라다케마사라고 합니다. 장원의 주인이지요."

히라다케마사는 조선말을 능숙하게 사용했다.

박영충이 고개를 숙여 인사를 하며 말했다.

"전 박영충이고, 이 아이는 순돌이라 하오. 우리는 대오에서 떨어져서 산속을 헤매다가 이곳으로 오게 되었소. 대군이 기다리고 있는 두지포로 가야 하는데 데려다 주시면 반드시 사례하겠소."

히라다케마사가 허리를 숙이며 말했다.

"알겠습니다. 저희가 도와드리지요. 그렇지만 지금은 저물녘이라 어렵고 내일 아침 일찍 모셔다 드리겠습니다."

"고맙소."

"시장하실 테니 우선 식사라도 하시며 쉬십시오."

히라다케마사가 히라타로에게 말을 하더니 장원으로 들어갔다. 히라타로가 우리를 숙소로 안내하였다.

숙소는 장원에서 멀찍이 떨어진 별실 같았다. 사방이 담으로 둘러싸여 있고 문은 하나뿐인 구조였다. 하인의 안내를 받아 방 안으로 들어가니 밥과 찬과 술을 내오고 옷도 가져왔다.

"옷은 되었소."

"계실 동안만이라도 편히 쉬게 하라는 명을 받았습니다."

"옷은 되었으니 가져가시오."

박영충이 끝끝내 사양하고 밥과 찬을 먹더니 데운 청주를 연거푸 다섯 잔을 마셨다. 취기 때문인지 박영충의 얼굴이 대춧빛이 되었다.

"순돌아, 너도 마셔 보거라."

"전 됐시유."

"허, 녀석도 참."

박영충은 마침내 청주 한 병을 비워 버렸다.

거뭇거뭇하던 날이 저물어 하늘에는 별빛이 가득하고 산중에서는 소쩍새의 울음소리가 쉴 새 없이 들려왔다.

겐조가 심부름하는 여종과 오더니 술과 찬을 더 가져다 놓고는 빈 술병을 가져가려 하였다. 박영충이 돌아서는 겐조에게 말을 건넸다.

"이보시오. 하나 물어봅시다."

"뭐가 궁금하십니까?"

"여기 지명이 신라 장원인데 왜 그런 거요? 장원의 주인이 신라의 후손이라 그렇소?"

"그렇다고 볼 수 있습니다. 이곳에서 북쪽에 있는 높은 산 이름이 신라산이고, 남쪽에 있는 산에는 신라성도 있습지요. 지금은 흉가가 되었지만 신라 왕을 제사 지내던 신사도 있는 걸요."

"신라 왕이라면 박혁거세 말이오?"

"네, 더 궁금한 건 없습니까?"

"없소."

겐조가 꾸벅 인사를 하더니 여종과 나갔다. 나는 박영충에게 물었다.

"나리, 왜 그러세유?"

"안심이 안 되어서 물었지. 그건 그렇고 대마도에 신라산과 신라 장원이 있다니 놀랍구나."

"놀랍긴유. 거제에서 대마도까지 이틀 거리밖에 안 되니까 옛날에는 신라가 다스렸을 거 아녀유. 고려와 조선에서 대마도를 제대로 다스리지 못해 왜구의 소굴이 되었으니, 이번 기회에 확실하게 대마도를 다스리면 왜구들이 소탕될 거구먼유."

"그건 네 말이 맞다."

박영충이 고개를 끄덕였다. 그때였다. 바깥에서 떠들썩한 소리가 들리더니 담장 위가 환해졌다.

"무슨 일이지?"

밖으로 나가니 횃불을 든 무사들이 쏟아져 들어왔다. 창과 칼을 든 왜적들이 둘러서고 활을 든 왜적 10여 명이 화살을 겨누고 섰다.

"순돌아, 함정에 빠졌다."

박영충이 나를 데리고 안으로 들어가더니 문을 닫았다.

"나리, 이제 어쩌면 좋아유?"

"글쎄다. 어찌해야 좋을지 모르겠구나. 잠시 생각해 보자."

바깥에서 히라타로의 목소리가 들려왔다.

"투항하면 목숨을 살려줄 것이니 항복하시오."

박영충이 소리쳤다.

"우리가 나가지 않겠다면?"

"불을 지를 것이오."

박영충이 나를 내려다보았다.

"나리, 어떡하남유?"

"어떡하긴 맨주먹으로 상대가 될 리 없잖아. 도리가 없지. 하늘에 운명을 맡기는 수밖에."

우리가 바깥으로 나가자 히라타로와 왜적들이 위풍당당하게 서 있었다. 히라타로가 소리쳤다.

"무릎을 꿇고 앉으시오."

박영충은 책상다리로 앉고 내가 무릎을 꿇자 왜적들이 달려들어서 우리를 포박하였다. 나는 겁이 나서 박영충에게 물었다.

"나리, 이제 어떻게 되는 거에유?"

"죽거나 살거나 둘 중 하나겠지."

박영충이 미소를 지으며 말했다.

"순돌아, 어제 사람이 죽으면 어떻게 되는지 물었지? 어차

피 사람은 한 번은 죽는다. 죽음 후의 세상은 죽어 봐야 알겠지. 우리는 죄가 없는 떳떳한 사람이니 죽음을 두려워할 것도 없고 무서워할 것도 없다."

대장부인 박영충이 존경스러웠다.

포박된 우리는 장원으로 끌려 나갔다. 신라 장원의 너른 마당에는 왜구들이 가득한데 포박당한 군관 몇 사람이 무릎을 꿇고 있었다. 포로가 된 조선 군사들을 보니 반가운 마음이 들었다.

장원의 높은 단 위에는 머리가 벗겨진 사내 하나가 갑옷을 입고 서 있고 좌우에도 갑옷을 입은 사내들이 서 있는데 신라 장원의 주인인 히라다케마사도 있었다.

"혹시 저 자가 대마도주인 도도웅와 아닌가유?"

내 물음에 박영충이 말없이 고개를 끄덕였다. 대청 위에 있던 도도웅와가 박영충을 가리키며 무어라 말했다.

"네 이름이 뭐냐?"

조선말을 할 줄 아는 겐조가 통역하였다.

"박영충이다."

"직책이 무어냐?"

"사수장이다."

"네가 내 부하들을 수십 명이나 죽였다면서?"

"그래서 어쨌다는 거냐? 너와 말씨름하고 싶지 않으니 죽일 테면 죽여라."

박영충이 태평스럽게 눈을 감고 말문을 닫았다. 통역하는 왜적이 말을 전하자 도도웅와 옆에 있던 사내가 날이 선 왜도를 뽑아 들고 박영충 앞에서 멈추었다. 왜적이 사수장의 머리 위로 시퍼런 칼을 높이 치켜들었다. 저 칼이 떨어지면 사수장은 죽을 것이다. 그리고 나도 죽을 것이다. 갑자기 순덕 어멈이 생각났다. 나는 출전하기 전에 우물가에서 순덕 어멈에게 살아 돌아가겠노라고 약속을 했다. 내가 죽어 버린다면 순덕 어멈은 또다시 큰 상처를 받을 것이다.

나는 죽는 것이 두렵다. 죄도 없이 죽는 것이 억울하다. 왜구들이 우리 가족을 죽이지 않았다면 애초에 이런 일도 일어나지 않았다. 가슴 가득 원망이 끓어올랐다. 원망은 분노로 바뀌었다. 나는 독기어린 눈으로 도도웅와를 향해 소리쳤다.

"너희들도 우리 마을 사람들을 모두 죽였잖여. 내 가족들도 모조리 죽였잖여. 우린 원수를 갚으러 온 것뿐이여. 원수를 갚으러 온 것뿐이라구. 잘못은 너희들이 먼저 했잖여. 우린 죄가 없단 말이여. 모두 너희들 때문이여. 이 나쁜 놈들

아. 이 흉악한 놈들아."

나는 목이 터져라 바락바락 소리를 질렀다.

겐조가 도도웅와에게 무슨 말을 하였다. 아마도 내 말을 전하는 것 같았다. 도도웅와 옆에 있던 수염이 난 왜적 하나가 도도웅와와 귀엣말을 하였다.

잠시 생각을 하던 도도웅와가 손을 들고 무어라 말했다. 그러자 칼을 치켜든 사내가 힘없이 칼을 늘어뜨리더니 칼집에 넣고는 물러갔다.

"이제 보니 순돌이가 담력이 대단하구나."

"야?"

나는 어안이 벙벙해서 박영충을 바라보았다. 사실, 나도 방금 무슨 짓을 했는지 잘 모르겠다. 정신이 나갔거나 혼이 빠졌거나 둘 중 하나는 분명했다.

"어쨌거나 네 덕에 목숨을 구했구나. 고맙다, 순돌아."

"뭐, 뭘유."

나는 애써 태연하게 대답했지만 아직도 어리둥절하였다. 쥐도 궁지에 몰리면 고양이를 문다더니 방금 나의 행동은 쥐의 용기와 같았다. 죽음을 각오한 일이었기에 할 수 있었던 것 같았다.

우리는 도도웅와의 성에서 감옥살이를 하게 되었다. 도도웅와가 살던 사카라는 곳이 조선 군사들에 의해 파괴되었기 때문에 하도에 있는 또 다른 거처에서 살게 되었는데 이곳에서 나는 조선 군사들이 퇴각했다는 청천벽력 같은 소식을 듣게 되었다.

이런 소식을 듣게 된 것은 기동이의 누이인 점순이 덕분이었다. 감옥에 갇힌 우리에게 밥을 가져오는 옥사쟁이가 있었는데 하루는 키가 작고 얼굴이 동그랗게 생긴 여자가 들어왔다. 그 여자는 우리에게 주먹밥을 나누어 주었다.

"찬은 없지만 많이 드시소."

대마도에서 듣는 조선말이 이렇게 반가울 줄은 나도 몰랐다. 내 옆에 있던 박영충이 물었다.

"조선 사람이오?"

"예, 지는 부산 사람인데 점순이라고 합니더."

나는 귀가 번쩍 뜨이는 것 같았다. 동그랗고 뽀얀 얼굴에 두 눈이 크고 오뚝한 코에 입술도 단정하게 생겨서 아주 예쁜 누이였는데 기동이의 얼굴이 숨어 있는 것 같았다. 나는 한눈에 기동이의 누이라는 것을 짐작할 수 있었다.

"혹시 기동이라는 동생이 있지유?"

"그걸 어떻게……."

점순이 누이가 토끼처럼 동그랗게 눈을 뜨고 나를 바라보았다.

"참말 세상이 좁다니께유. 지가 기동이 친구예유."

나는 기동이와 대마도에 오게 된 사연을 이야기해 주었다. 이야기를 듣고 있던 점순이 누이는 치맛단을 붙잡고 연신 눈물을 흘렸다.

"기동이가 나 때문에 여기까지 오다니……. 다치지는 않았것지?"

"야, 기동이는 무사히 배에 올랐으니께유. 박 사수장 나리 덕분이지유."

"기동이를 구해 주셔서 고맙습니더."

점순이 누이가 박영충에게 다소곳하게 인사를 하였다.

"뭐, 뭘, 별거 아니오. 어험."

박영충이 헛기침을 하며 도리머리를 흔들었는데 얼굴이 잘 익은 사과처럼 붉게 변해 있었다. 박영충이 물었다.

"그, 그런데 점순 처녀. 혹시 조선 군대 소식은 모르시오?"

"조선에서 온 군대는 어제 대마도를 떠났다고 했십니더."

"그게 무슨 말이오? 군대가 떠났단 말이오?"

"예, 모두 떠나버렸십니더."

나는 하늘이 무너지는 것 같아서 되물었다.

"그, 그게 참말이에유?"

점순이 누이가 고개를 끄덕였다.

"걱정 되제? 내가 자주 와서 얘기해 줄 테니까 너무 걱정 말거라."

그 이후로 점순이 누이는 감옥에 간간이 드나들면서 돌아가는 상황을 전해 주었다. 조선 군대가 돌아간 것은 태풍 때문이었다. 우리가 사로잡힌 다음날부터 큰비가 사흘 동안 계속되었는데 이 일로 대마도는 또 한 번 쑥대밭이 되고 말았다. 집이 무너지고 지붕이 날아가고, 남아 있던 논과 밭이 엉망이 되어 가을 수확을 기대하기 어려울 정도였다. 태풍의 피해가 극심해서 감옥에 갇혀 있는 우리까지 복구 작업에 투입될 정도였다. 만약 군대가 철수하지 않았다면 풍랑으로 큰 피해를 입었을 것이다.

태풍이 지나간 후, 도도웅와는 심복인 도이단도로를 조선에 자주 보내었다. 점순이 누이 말로는 조선에서 항복하라는 항서가 도도웅와에게 여러 차례 왔고, 도도웅와는 매일매일 부하들과 모여 대책 회의를 한다고 했다.

"도도웅와가 조선을 상대로 협상을 하고 있군. 우릴 살려 둔 것은 협상에서 유리한 위치에 서기 위해서였어."

"그럼 우린 살 수가 있는 건가요?"

"협상이 잘되면 살 수도 있겠지. 어쩌면 집으로 돌아갈 수도 있고."

박 사수장이 점순이 누이를 바라보았다. 점순이 누이는 얼굴이 발그스름해져서 새색시마냥 고개를 떨구었다.

점순이 누이는 도도웅와 어머님의 시중을 들고 있는데, 비위를 잘 맞추어서 도도웅와도 함부로 대하지 않는다고 했다. 점순이 누이 덕에 나와 박 사수장은 간간히 좋은 밥도 먹을 수 있었다.

점순이 누이가 오는 일이 잦아지면서 박 사수장과 이야기를 나누는 날이 많았는데, 어떨 때는 박 사수장이 점순이 누이를 기다릴 때도 있었다. 비록 창틀을 사이에 두고 만나지만 두 사람이 함께 있으면 따뜻하고 애틋한 감정이 느껴졌다.

협상이 잘되어서 조선으로 돌아간다면 얼마나 좋을까? 보고 싶은 사람들이 생각났다. 유관 어르신과 노부인, 순덕 어멈과 최해산 나리, 기동이도 있었다. 나는 그날이 빨리 오길 손꼽아 기다렸다.

귀환

길고 지루하던 시간이 지나고 마침내, 협상이 종결되었다는 소식이 전해졌다. 우리가 이곳에 갇힌 지 석 달 만의 일이었다. 줄다리기처럼 밀고 당기던 협상은 도도웅와에게 불리하게 전개되었다.

점순이 누이는 대마도주의 집에서 일을 보았기 때문에 여러 가지 사정을 비교적 자세하게 알고 있었다. 대마도 정벌로 마을과 포구가 십중팔구 파괴되고 섬에 있던 쥐꼬리만 한 논과 밭이 망가져서 겨울과 다음해 봄을 날 가망이 없다고 했다.

8월에는 중국으로 약탈을 갔던 부하들의 배가 돌아왔는데

100여 척 가운데 70여 척이 파괴되고, 죽거나 사로잡힌 자가 1,500명이나 되었다. 나머지 30척 가운데 1척은 백령도에서 조선 수군에게 빼앗기고, 중국에서 싸우다가 없어진 것이 16척이며, 나머지 14척은 돌아왔는데, 7척은 일기주로 갔고, 7척은 대마도 사람으로 전라도에서 공물선을 끌고 왔지만 그해 겨울을 나기도 힘들어서 뿔뿔이 흩어져 버렸다고 하였다.

엎친 데 덮친 격으로 조선에서는 대마도와 통상을 끊고 항복하지 않으면 다시 군대를 보낸다고 엄포를 놓았다.

다급해진 도도웅와는 축전주 태재 소이등원만정에게 구원을 청하였지만 축전주 역시 조선과 무역이 끊어질까 두려워 도도웅와를 돕지 못하게 되면서 대마도는 궁지에 몰리게 되었다.

결국 도도웅와는 대마도를 경상도의 속주로 편입시키고 항복을 하기로 마음을 굳히게 되었다.

도도웅와는 일본국의 사신이 조선에 갈 때에 임금에게 잘 보일 심산으로 사로잡힌 군사들을 데려가게 하였다. 사로잡힌 군사들은 나를 포함해서 여섯 명이었다. 우리는 조선으로 돌아가게 되었지만 점순이 누이는 명단에 없었다.

"괜찮심더. 걱정 마시고 돌아가 행복하게 사시소."

집으로 돌아가기 전날 밤, 감옥에서 마지막 주먹밥을 건네는 점순이 누이의 눈에 눈물이 고여 있었다. 박 사수장이 점순이 누이의 손을 굳게 잡고 말했다.

"이보게, 너무 걱정 말게. 내가 자네를 반드시 데려가고 말 것이네."

"그게 무슨 말입니꺼?"

"내가 자네를 반드시 데려갈 테니 염려 말란 말이네."

비장한 표정으로 박 사수장이 말했다. 나는 한다면 하는 사수장의 성격을 잘 안다.

다음날, 박 사수장은 정말로 사고를 쳤다. 깨끗한 옷을 입고 일본국의 왕사를 만나는 자리에서 박 사수장은 땅바닥에 대자로 드러누워 소동을 부렸다.

"조선 사람이 한 명 더 있소. 그 사람을 보내주지 않는다면 나도 가지 않겠소."

나도 그 옆에 활개를 펼치고 드러누워 소리쳤다.

"점순이 누이를 보내주지 않는다면 나도 가지 않겠구먼유."

박 사수장이 눈치를 보는 네 명의 군사들에게 말했다.

"뭣 하는 거요? 그동안 점순이 처녀한테 신세를 지고도 나 몰라라 할 거요?"

네 명의 군인들이 서로를 바라보다가 땅바닥에 드러누웠다.

조선으로 가야 할 조선 군사 6명이 땅바닥에 드러누워 소동을 부리자 일본국의 사신이 자초지종을 물어보았다. 나는 통역사에게 왜구들에게 잡혀 온 점순이 누이를 데려가지 못하면 조선으로 가지 않겠다고 말해 주었다.

이 일로 배는 출항하지 못했고, 일본국의 사신과 도도웅와가 한동안 논의를 하였다. 그동안 우리는 땅바닥에 드러누워 하늘을 올려다보았다. 늦은 가을이라 푸른 하늘이 무척이나 높았다.

"순돌아, 날씨 참 좋지?"

박 사수장이 말했다.

"야."

"점순이 처녀는 조선으로 가게 될 거다."

"야."

그때였다. 사람들이 웅성거리는 소리가 들려서 고개를 들어 보니 사람들 사이가 갈라지면서 보퉁이를 든 점순이 누이가 걸어오고 있었다.

"점순이 누이."

나는 자리에서 벌떡 일어나서 점순이 누이에게 달려갔다.

"누이, 같이 가는 거 맞지유?"

"응."

점순이 누이가 눈물을 글썽이며 고개를 끄덕였다.

"우와, 너무 잘 됐구먼유."

나는 너무 기뻐서 누이를 얼싸 안았다.

"순돌아, 고맙데이."

점순이 누이가 울고 있었다. 나도 눈물이 나왔다. 이렇게 좋은데 왜 눈물이 나는 걸까?

"고맙기는……. 모두 박 사수장님 덕분이에유."

고개를 돌려보니 박영충이 자리에서 일어나 바지와 저고리의 먼지를 툭툭 털고 있었다.

점순이 누이가 박영충에게 다가가더니 고개를 숙였다.

"고맙십니더, 정말 고맙십니더."

"고맙기는 뭘……."

헛기침을 하는 박영충의 얼굴이 붉어졌다. 나는 두 사람의 얼굴을 번갈아 바라보며 말했다.

"집에 돌아가면 두 분이 혼인을 올리시면 되겠네유."

"뭐, 뭐라는 거냐? 너……."

"지가 모를 줄 알아유? 아는 사람은 다 안다구유."

"니가 뭘 알아?"

박영충의 말에 옆에 있던 아저씨가 웃으며 말했다.

"박 사수장, 우린 다 아네. 자네 혼례식 날 꼭 부르게. 안 부르면 섭섭하네."

박 사수장과 점순이 누이의 얼굴이 단풍이 든 것처럼 붉어졌다.

우리가 탄 배는 11월 20일, 부산포에 도착하였다. 우리나라에 돌아오니 우리 땅이 얼마나 소중한지 알 것 같았다. 푸른 바다와 파란 하늘이 더욱 정겹게 느껴졌다.

우리들은 임금님께서 협상에서 절대 물러서지 않았기 때문에 도도웅와가 견디지 못하고 항복하게 되었다는 것을 부산포 객관에서 들었다. 대마도주의 항복으로 대마도는 비로소 경상도의 속도가 되었다.

왕명으로 경상대로를 따라 길을 재촉한 지 열흘 후, 우리는 한양에 도착할 수 있었다. 커다란 숭례문의 날아갈 듯한 처마가 새롭게만 보였다. 한양 도성의 사람들도 눈에 익은 건물들도 모두가 반갑고 새롭게 보였다.

우리는 인정전에서 임금님을 만났다. 점순이 누이는 광화문 앞의 주막에서 우릴 기다리기로 했다.

내가 임금님이 살고 있는 궁궐에 들어가게 되다니 꿈만 같았다. 높은 담장과 더 높은 전각이 좌우로 늘어선 궁궐로 들어가니 청단령 홍단령을 입은 관리들 사이로 용상에 앉아 있는 젊은 임금님이 보였다.

신문고를 두드렸을 때, 늦은 밤 경수소에서 만났던 바로 그 임금님이었다. 임금님이 밝게 웃으며 말했다.

"모두들 수고가 많았소. 못난 과인 탓이니 용서하시오."

"전하, 모두 전하의 덕입니다. 다시 전하를 뵙게 되니 감개무량합니다."

박영충이 눈물을 흘리며 무릎을 꿇자 따라온 갑사들도 엎드려 울었다.

"순돌이, 너도 살아 있었구나. 소식을 듣고 걱정하였다."

나는 임금님의 말씀에 가슴이 벅차서 소리 내어 울었다. 울지 않으려 했는데 임금님의 목소리가 너무 따뜻해서, 하찮은 나를 걱정해 주셔서, 가슴이 벅차올라 나도 모르게 눈물이 펑펑 쏟아졌다.

"장계를 보니 기동이의 누이를 구해 왔다고? 잘하였다. 기동이 누이는 지금 어디에 있느냐?"

"광화문 밖에 있구먼유."

임금님이 빙그레 웃으며 말했다.

"기동이도 너처럼 신문고를 두드렸단다. 부산에서 올라와서 너와 박영충을 구해 달라고 신문고를 두드렸지. 지금은 군기시의 화약방에서 열심히 일을 배우고 있는데 만나러 가야지."

나는 너무 기뻐서 말도 나오지 않았다.

임금님은 주안을 마련하여 그동안의 노고를 위로해 주셨다. 기름이 좔좔 흐르는 하얀 입쌀밥에 갈비며, 돼지며, 닭이며, 내가 알 수도 없는 맛난 반찬들이 한가득이었다. 너무 맛나서 밥을 입으로 먹는지 코로 먹는지도 모를 정도였다.

밥을 먹다 말고 주변을 둘러보니 유관 어르신이 보이지 않았다. 분명히 내가 왔다는 소식을 들었을 텐데, 연세가 많으신 어르신이 병이 난 것은 아닌지 걱정이 되었다. 임금님께 물어보고 싶었지만 목구멍으로 꿀꺽 삼키고 말았다.

주연이 끝난 후, 임금님은 박영충을 편전으로 불러 한동안 말씀을 나누셨다. 박영충이 편전을 나오자 임금님은 군기시로 행차했다. 나는 박영충과 함께 점순이 누이를 데리고 군기시로 가기로 했다.

점순이 누이가 기다리는 주막으로 가는 동안 박영충의 얼굴에는 웃음꽃이 피어 있었다.

"나리, 좋은 일이라도 있으세유?"

"으흐흐흐. 너는 몰라도 돼."

박영충은 히죽히죽 웃기만 했다.

"임금님을 만나시더니 정신이 이상해진 거 아녀유?"

"이놈아, 그런 것이 아니야. 사실은 진급을 하였다."

"진급을 했다구유?"

"네가 들으면 놀랄 거다."

"대체 무슨 벼슬인데 놀란다는 거여유?"

"놀라지 마라. 이제 이 몸은 사수장이 아니라 제주 정의 현감이시다."

"예? 사또 나리가 되셨다구유?"

"그렇고말고. 이제는 내가 사또가 되었다."

박영충의 입이 귀에 걸렸다. 그렇다. 이제는 박 사수장이 아니라 사또 나리가 되는 것이다.

박영충은 한달음에 달려가서 주막에서 기다리는 점순이 누이에게 이 사실을 이야기했다. 평소에는 말없이 과묵하던 박영충이었지만 오늘은 정말 말이 많았다. 점순이 누이는 뛸 듯이 기뻐하였다.

우리는 군기시로 발걸음을 옮겼다. 박 사수장과 점순이 누이의 모습은 보기만 해도 마음이 흐뭇했다. 온갖 고생을 도맡아 하던 두 사람이 행복하게 살 수 있게 된 것이 무엇보다도 기뻤다. 이런 사실을 기동이가 알게 된다면 어떤 표정을 지을까?

군기시는 시장처럼 북적거렸다. 군기시 앞에 있는 어가가 임금님이 도착했다는 것을 말해 주고 있었다. 군기시로 들어가니 이 소감과 최 감승이 나를 맞아 주었다.

"이 자식, 죽은 줄로만 알았더니 살아 있었구나."

"잘 돌아왔다, 잘 살아 돌아왔어. 기다리고 있었다."

나는 두 분에게 이끌려 임금님 앞으로 나아갔다.

임금님이 빙그레 미소를 지으시며 물었다.

"기동이는 어디 있느냐?"

최 감승이 대답했다.

"염초를 태우고 있을 겁니다."

"잘하고 있는가?"

"예, 그 녀석이 제일 열심일 겁니다. 밤낮이 없이 화약과 무기에 매달려 있기에 좀 쉬라고 염초 태우는 일을 시켰습니다. 아마 순돌이가 살아온 것을 알면 깜짝 놀랄 것입니다."

최 감승이 나를 보며 누런 이를 드러내고 웃었다.

임금님이 미소를 지으며 말했다.

"어서 데려오라."

별감이 후다닥 달려가서 얼굴이 시커멓게 그을린 기동이를 데리고 왔다. 저고리며 바지가 재로 가득했다.

"기동아."

기동이가 놀란 얼굴로 나를 바라보다가 달려왔다.

"순돌아."

기동이와 나는 서로를 부둥켜안았다. 시커먼 재가 덕지덕지 묻은 기동이의 볼에 두 줄기 눈물 자욱이 선명하게 드러났다.

"신문고를 두드렸다는 말은 들었구먼. 네 덕분에 나와 사수장 나리가 살아 돌아왔으니 정말로 공이 크구먼."

"사수장 나리도 살아오셨구나!"

"그럼, 승진하셔서 정의 현감에 제수되셨구먼."

나는 손가락으로 뒤편에 있는 박 사수장을 가리켰다.

"나리!"

기동이가 꾸벅 인사를 하였다.

"고맙다는 말은 주상 전하께 하거라."

기동이가 임금님을 향해 큰절을 하였다.

"임금님, 고맙십니더. 정말 고맙십니더."

기동이는 소매로 눈가를 닦았다. 그 얼굴에는 기쁨과 서운함이 함께 있었다.

"기동아, 놀라지 말어. 점순이 누이도 함께 왔구먼."

"저, 정말?"

기동이의 눈이 황소처럼 동그래졌다.

"군기시 바깥에서 기다리고 있구먼. 함께 갈 테여?"

기동이의 눈에서 닭똥 같은 눈물이 뚝뚝 떨어졌다.

"임금님, 이 은혜를 어떻게 갚아야 할지……."

기동이가 끝내 말을 잇지 못하고 흐느꼈다.

"짐에게 은혜를 갚으려거든 열심히 기술을 배우고 익히거라. 너희들의 위치에서 너희들이 할 수 있는 최선을 다하거라. 그래서 왜구들이 감히 이 땅을 침범하지 못하도록 이 나라를 부강하게 만들어다오. 그것이 너희들이 나에게 은혜를 갚는 길이다. 나 역시 최선을 다할 것이다. 너희가 그리할 수 있겠느냐?"

"예, 꼭 그렇게 하겠십니더."

"열심히 배우겠구먼유. 배우고 익혀서 이 땅에 왜구들이 얼씬 못 하게 할거구먼유."

나는 임금님께 다짐을 하였다.

임금님이 빙그레 미소를 지으며 말씀하셨다.

"누이가 보고 싶을 텐데 어서 가거라."

우리는 임금님께 인사를 드리고 군기시의 대문으로 부리나케 뛰어나갔다.

군기시 바깥에는 점순이 누이가 보퉁이를 들고 서 있었다.

대문 앞에서 잠시 멈춰 서 있던 기동이의 눈에서 눈물이 쏟아져 내렸다.

"누야, 누야."

기동이가 달려가 점순이 누이의 품에 안겼다. 점순이 누이도 울고 기동이도 울었다. 나도 울고, 박 사수장도 울었다.

점순이 누이는 기동이의 얼굴을 쓰다듬고 있었다. 두 사람의 얼굴에서 미소가 피어났다. 가족은 그리움이다. 언제나 그리워하기 때문에 다시 만날 때 저렇게 반가운 것인지도 모른다.

두 사람 옆에서 물끄러미 서 있던 박 사수장이 다가가 기동이에게 몇 마디 말을 건네었다. 놀란 기동이의 얼굴을 보니 웃음이 났다. 박 사수장이 매형이 될 것이며, 정의 현감에 제수되었다는 것을 알았으니 놀랄 만도 할 것이다.

"순돌아, 거처할 곳은 있느냐? 없으면 우리와 함께 가자."

세 사람이 나란히 서서 나를 바라보고 있었다. 그러고 보니 기동이는 가족이 하나 더 늘었다. 나는 기동이가 정말로 부러웠다.

"갈 곳이 있어유. 기동아, 내일 만나."

나는 점순이 누이와 박 사수장에게 인사를 하고는 발걸음을 옮겼다.

임금님께 상으로 받은 상목과 곡식 자루를 어깨에 메고 큰길을 따라 달려갔다. 유관 어르신이 생각났다. 노마님도 순덕 어멈도 생각났다. 연세가 많으신 유관 어르신과 노마님께서 아프지나 않는지, 집안에 무슨 일이 생긴 것은 아닌지 걱정이 되었다. 마음이 급해지니 걸음이 점점 빨라졌다.

배 고개를 넘어 한참을 정신없이 달려가다 보니 흥인문이 보였다. 날개처럼 처마를 펼친 흥인문이 두 팔을 벌려 반갑게 나를 맞아주는 것 같았다.

흥인문을 나서니 멀리 유관 어르신이 사는 초가집이 보였다. 초가 앞에 유관 어르신과 노부인, 순덕 어멈이 서 있는

것이 보였다. 오는 내내 걱정했는데 건강한 모습을 직접 보니 마음이 놓였다. 순덕 어멈이 나를 보았는지 손뼉을 치며 호들갑을 떨었다. 그러자 유관 어르신과 노부인이 나를 향해 손을 흔들었다.

'순돌아, 어서 오너라. 어서 오너라.'

'순돌이 이 녀석, 살아 돌아왔구나. 우리가 널 얼마나 기다린 줄 아느냐?'

두 분이 이렇게 말하는 것만 같았다.

순덕 어멈은 아들이 살아 돌아온 것보다 기뻐하는 것 같았다. 갑자기 가슴이 울컥해지며 눈앞이 흐릿하였지만 나는 걸음을 늦추지 않고 손등으로 눈물을 닦으며 달렸다.

가족이 있다는 것은 좋은 것이다. 나를 기다리는 가족이 있다는 것은 정말 좋은 것이다. 비록 피를 나눈 사이는 아니지만 나를 기다리는 사람이 있다는 것은, 나를 기다리는 가족이 있다는 것은 정말로 행복한 일이다.

나는 지금, 나를 기다리는 가족에게로 간다.